Arthrose und Histaminintoleranz Kochbuch

Das große 2-in-1 Kochbuch mit einfachen und leckeren Rezepten zur natürlichen Linderung von Gelenkschmerzen und für eine histaminarme Ernährung.

Inhalt

Ernährung bei Arthrose

Vorwort

Liebe Leserin, lieber Leser,

als Autorin und leidenschaftliche Köchin, die stets auf der Suche nach neuen, inspirierenden Ideen für die Küche ist, habe ich es mir zur Aufgabe gemacht, die Arthrose-freundliche Ernährung in den Mittelpunkt zu stellen. In diesem Buch findest du daher eine Vielzahl an Rezepten, die alle eines gemeinsam haben: Sie sind liebevoll zusammengestellt, leicht nachzukochen und sie tragen dazu bei, die Symptome von Arthrose zu lindern.

Das Bewusstsein für eine gesunde Ernährung hat in den letzten Jahren enorm zugenommen und es wird immer deutlicher, dass es kaum einen besseren Weg gibt, unserem Körper Gutes zu tun, als durch eine bewusste Lebensmittelauswahl. Das Ziel dieses Buches ist es, dich auf deinem persönlichen Weg zu einem gesunden Lebensstil zu begleiten und dir zu zeigen, dass eine Arthrose-freundliche Ernährung nicht bedeutet, dass du auf Genuss verzichten musst. Ganz im Gegenteil: Die Rezepte in diesem Buch beweisen, dass eine gesunde Ernährung und Genuss Hand in Hand gehen können.

Ich hoffe, dass du durch dieses Kochbuch die Freude am Entdecken und Ausprobieren neuer Rezepte findest. Denn am Ende des Tages geht es nicht nur darum, was wir essen, sondern auch darum, wie wir es zubereiten und genießen. Es ist die Leidenschaft, die Hingabe und die Liebe, die wir in die Zubereitung unserer Mahlzeiten stecken, die sie zu etwas Besonderem machen.

Nun wünsche ich dir viel Spaß beim Ausprobieren der Rezepte und beim Entdecken neuer Lieblingsgerichte. Möge dieses Buch dich auf deinem Weg zu einem gesunden und genussvollen Lebensstil begleiten.

Deine Carina Lehmann

Anmerkung zu den Rezepten

Du magst dich fragen, warum in diesem Kochbuch auf Bilder verzichtet wurde. Eine ungewöhnliche Wahl, das ist mir bewusst, denn wir leben in einer visuell stark orientierten Welt, in der ein Bild oft mehr als tausend Worte zu sagen scheint. Doch gerade im Kontext der Kulinarik glaube ich, dass diese bildlastige Herangehensweise uns manchmal die Möglichkeit nimmt, unsere eigene kreative Interpretation zu entwickeln und uns auf das Wesentliche zu konzentrieren: den Geschmack, die Aromen und die Freude am Kochen.

Stell dir vor, du blätterst durch ein Kochbuch, siehst ein wunderbares Foto eines Gerichts und denkst: „Das möchte ich kochen". Das Bild setzt eine Erwartung. Es formt eine Vorstellung davon, wie das Endergebnis aussehen sollte. Doch was passiert, wenn dein Gericht nicht genau so aussieht wie auf dem Bild? Fühlst du dich dann als hättest du versagt? Dabei geht es beim Kochen doch eigentlich um den Prozess, die Erfahrung und letztendlich den Geschmack – nicht um die Perfektion eines Food-Fotos.

In diesem Kochbuch fehlen die Bilder bewusst. Ohne Bilder bist du frei, dir eigene Vorstellungen zu machen, wie dein Gericht aussehen könnte. Du hast die Freiheit, zu experimentieren, zu variieren und dein eigenes, einzigartiges Gericht zu kreieren.

Zusätzlich lege ich großen Wert darauf, dass du das Kochen als kreativen Prozess erlebst. Jedes Gericht, das du zubereitest, ist Ausdruck deiner Persönlichkeit, deiner Vorlieben, deines Geschmacks. Ohne vorgefertigte Bilder bist du der Künstler, der sein eigenes Kunstwerk schafft – einzigartig und individuell.

In diesem Sinne lade ich dich ein, dich auf diese besondere kulinarische Reise einzulassen. Lass dich von deiner Vorstellungskraft und deinen Geschmacksknospen leiten, nicht von Hochglanzbildern. Ich bin sicher, du wirst dabei ganz neue Seiten des Kochens entdecken.

Frühstück

Knuspriges Haferflocken-Topping mit Früchten

Zubereitungszeit: 15 Minuten
Portionen: 1 Person

Zutaten:

- 50 g Haferflocken, grob
- 1 EL Kokosöl, geschmolzen
- 1 TL Honig oder Ahornsirup
- 1 Prise Salz
- 50 ml Hafermilch
- 1 Handvoll gemischte Beeren (Himbeeren, Blaubeeren, Erdbeeren), gewaschen und halbiert
- 1 EL gehackte Nüsse (z.B. Mandeln oder Walnüsse)
- 1 Prise Zimt

Zubereitung:

1. Den Ofen auf 180 Grad vorheizen.
2. Haferflocken, geschmolzenes Kokosöl, Honig und Salz in einer Schüssel vermischen, bis alles gut vermischt ist.
3. Die Hafermischung auf ein mit Backpapier ausgelegtes Backblech verteilen und im vorgeheizten Ofen ca. 10 Minuten goldbraun backen. Zwischendurch einmal umrühren, damit nichts anbrennt.
4. Während die Haferflocken backen, Hafermilch in einem Topf erwärmen. Nicht kochen lassen!
5. Die heiße Hafermilch in eine Schüssel gießen, die gebackenen Haferflocken darauf verteilen.
6. Mit den halbierten Beeren und den gehackten Nüssen garnieren. Zum Schluss eine Prise Zimt darüber streuen.

Mandeljoghurt mit Chiasamen und Beeren

Zubereitungszeit: 10 Minuten
Portionen: 1 Person

Zutaten:

- 150 g Mandeljoghurt, gut gekühlt
- 1 EL Chiasamen
- 50 g gemischte Beeren (Himbeeren, Blaubeeren, Erdbeeren), gewaschen und halbiert
- 1 TL Honig
- 1 TL frisch gepresster Bio-Zitronensaft
- 1 EL gehackte Mandeln, leicht geröstet
- Eine Prise Zimt

Zubereitung:

1. Gib den Mandeljoghurt in eine Schüssel und rühre die Chiasamen unter. Lass die Mischung 5 Minuten quellen.
2. Währenddessen mische in einer kleinen Schüssel die Beeren mit dem Zitronensaft und Honig.
3. Gib die Beerenmischung über den Mandeljoghurt und vermische alles sanft.
4. Bestreue das Ganze mit den gehackten Mandeln und einer Prise Zimt. Guten Appetit.

Buchweizen-Pfannkuchen

Zubereitungszeit: 20 Minuten
Portionen: 1 Person

Zutaten:

- 100 g Buchweizenmehl
- 150 ml Wasser
- 1 TL Backpulver
- 1 Prise Salz
- 1 EL Chiasamen, gemahlen
- 2 EL Agavendicksaft, plus extra zum Beträufeln
- 1 EL Kokosöl, zum Braten
- 1 Handvoll frische Beeren, gewaschen und halbiert

Zubereitung:

1. In einer Schüssel Buchweizenmehl, Wasser, Backpulver und Salz zu einem glatten Teig vermischen.
2. Gemahlene Chiasamen hinzufügen und gut unterrühren, bis sie vollständig eingearbeitet sind.
3. Den Teig 10 Minuten ruhen lassen, damit die Chiasamen quellen können.
4. Eine Pfanne auf mittlerer Hitze erwärmen und das Kokosöl hinzufügen.
5. Für jeden Pfannkuchen etwa eine Kelle des Teigs in die Pfanne geben und 2-3 Minuten von jeder Seite goldbraun braten.
6. Die Pfannkuchen auf einen Teller legen, mit Agavendicksaft beträufeln und mit den halbierten Beeren belegen.

Kokosnuss-Quinoa mit Mango

Zubereitungszeit: 20 Minuten
Portionen: 1 Person

Zutaten:

- 50 g Quinoa, gewaschen
- 150 ml Kokosmilch
- 1 reife Mango, geschält und gewürfelt
- 1 EL Chiasamen
- 1 TL Honig oder Ahornsirup, nach Belieben
- Eine Prise Salz
- Einige frische Minzblätter, gewaschen und gehackt

Zubereitung:

1. In einem Topf die Kokosmilch zum Kochen bringen.
2. Quinoa und eine Prise Salz hinzufügen und auf mittlerer Hitze köcheln lassen, bis die Flüssigkeit fast vollständig aufgenommen ist und der Quinoa weich ist. Dies dauert etwa 15 Minuten.
3. Während der Quinoa kocht, die Mango in kleine Würfel schneiden.
4. Wenn der Quinoa fertig ist, von der Hitze nehmen und kurz abkühlen lassen.
5. Honig oder Ahornsirup sowie Chiasamen unterrühren.
6. Die Mango-Würfel hinzufügen und gut vermischen.
7. In eine Schüssel geben und mit gehackten Minzblättern garnieren.

Hirsebrei mit Apfel und Zimt

Zubereitungszeit: 15 Minuten
Portionen: 1 Person

Zutaten:

- 50 g Hirse, gut gewaschen
- 250 ml Wasser
- 1 Apfel, gewürfelt
- 1 TL Zimtpulver
- 1 EL Honig
- Eine Prise Salz
- 1 EL Mandelblättchen
- 1 EL Rosinen

Zubereitung:

1. In einem kleinen Topf das Wasser zum Kochen bringen. Salz und die gewaschene Hirse hinzufügen.
2. Bei mittlerer Hitze 10 Minuten köcheln lassen, dabei gelegentlich umrühren.
3. Während die Hirse kocht, den Apfel würfeln.
4. Nach 10 Minuten die Apfelwürfel, Rosinen und das Zimtpulver zur Hirse geben. Alles gut verrühren.
5. Weitere 3-4 Minuten köcheln lassen, bis der Apfel weich wird.
6. Den Topf vom Herd nehmen und den Honig unterrühren.
7. In eine Schale geben und mit Mandelblättchen bestreuen.

Acai-Bowl mit Nüssen und Kokosraspeln

Zubereitungszeit: 10 Minuten
Portionen: 1 Person

Zutaten:

- 2 EL Acai-Pulver
- 1 reife Banane, geschält und in Stücke geschnitten
- 50 g gemischte Beeren (z.B. Himbeeren, Erdbeeren), gewaschen
- 100 ml Kokosmilch
- 1 TL Honig nach Geschmack
- 2 EL Kokosraspeln, getrocknet
- 20 g Walnüsse, gehackt
- 15 g Mandeln, gehackt
- 1 EL Chiasamen
- Frische Minze, zum Garnieren

Zubereitung:

1. In einem leistungsstarken Mixer die Banane, Beeren, Acai-Pulver, Kokosmilch und Honig zusammengeben und auf hoher Stufe pürieren, bis alles gut vermengt und cremig ist.

2. Die Mischung in eine Schale gießen.

3. Kokosraspeln, Walnüsse, Mandeln und Chiasamen über die Acai-Mischung streuen.

4. Mit frischen Minzblättern garnieren.

Kürbiskern-Porridge

Zubereitungszeit: 10 Minuten
Portionen: 1 Person

Zutaten:

- 50 g Haferflocken, fein
- 250 ml Hafermilch
- 1 Banane, in Scheiben geschnitten
- 2 EL Kürbiskerne, geröstet
- 1 TL Chiasamen
- 1 TL Honig
- 1 Prise Zimt

Zubereitung:

1. In einem Topf die Hafermilch zum Kochen bringen.
2. Haferflocken hinzufügen und bei mittlerer Hitze 5 Minuten köcheln lassen.
3. Chiasamen unterrühren und weiter köcheln, bis der Porridge eindickt.
4. Topf vom Herd nehmen. Honig und Zimt unterrühren.
5. In eine Schüssel geben und mit Bananenscheiben und Kürbiskernen garnieren.

Grünkohl-Pfannkuchen mit Kräutern

Zubereitungszeit: 20 Minuten
Portionen: 1 Person

Zutaten:

* 60 g Grünkohl, gewaschen und fein gehackt
* 50 g Vollkornmehl
* 1 Bio-Ei, aufgeschlagen
* 100 ml Hafermilch
* Eine Handvoll frische Kräuter (z.B. Petersilie, Schnittlauch), gewaschen und fein gehackt
* 1 TL Backpulver
* 1/2 TL Salz
* 1 EL natives Olivenöl extra

Zubereitung:

1. In einer Schüssel das Vollkornmehl mit Backpulver und Salz vermengen.
2. Das aufgeschlagene Ei und die Hafermilch hinzufügen und zu einem glatten Teig verrühren.
3. Den gehackten Grünkohl und die Kräuter unterrühren, bis alles gut vermischt ist.
4. Eine Pfanne auf mittlerer Hitze erwärmen und das Olivenöl hineingeben.
5. Mit einer Kelle Portionsweise Teig in die Pfanne geben und von beiden Seiten goldbraun backen.
6. Die Pfannkuchen auf einem Teller anrichten. Guten Appetit.

Frischkornmüsli

Zubereitungszeit: 10 Minuten
Portionen: 1 Person

Zutaten:
- 50 g Haferflocken, grob
- 3 Datteln, entsteint und klein geschnitten
- 10 Mandeln, grob gehackt
- 150 ml Mandelmilch, ungesüßt
- 1 EL Chia-Samen
- 1 TL Honig
- 1/2 Apfel, gewaschen und fein gewürfelt
- Eine Prise Zimt

Zubereitung:
1. Du nimmst eine mittelgroße Schüssel zur Hand und gibst die Haferflocken hinein.
2. Die klein geschnittenen Datteln, gehackten Mandeln und Chia-Samen dazugeben.
3. Die Mandelmilch darüber gießen und gut umrühren, sodass alle Zutaten gut miteinander vermengt sind.
4. Jetzt den fein gewürfelten Apfel unterheben.
5. Das Ganze mit einem TL Honig süßen und mit einer Prise Zimt bestreuen.
6. Lass das Müsli für etwa 5 Minuten ziehen, sodass die Haferflocken und Chia-Samen etwas aufquellen können.
7. Zum Schluss gut umrühren.

Chia-Pudding mit Hafermilch

Zubereitungszeit: 15 Minuten
Portionen: 1 Person

Zutaten:

- 3 EL Chia-Samen
- 250 ml Hafermilch
- 1 TL Vanilleextrakt
- 1 TL Ahornsirup
- Eine kleine Handvoll frische Beeren, gewaschen
- Ein paar gehackte Mandeln
- Eine Prise Zimt

Zubereitung:

1. Nimm eine Schüssel und gib die Chia-Samen hinein.
2. Füge Hafermilch, Vanilleextrakt und Ahornsirup hinzu und rühre alles gut um.
3. Lass die Mischung für mindestens 10 Minuten stehen, damit die Chia-Samen die Flüssigkeit aufnehmen können.
4. Währenddessen kannst du die Beeren vorbereiten und die Mandeln hacken.
5. Nachdem der Chia-Pudding angedickt ist, gib ihn in ein Glas oder eine Schale.
6. Füge nun die Beeren und gehackten Mandeln obendrauf.
7. Bestreue alles mit einer Prise Zimt. Fertig.

Suppen & Eintöpfe

Linsensuppe mit Karotten und Kurkuma

Zubereitungszeit: 30 Minuten
Portionen: 1 Person

Zutaten:
- 100 g grüne Linsen, gewaschen
- 2 mittelgroße Karotten, gewürfelt
- 1 kleine Zwiebel, fein gehackt
- 1 TL Kurkuma-Pulver
- 1 EL natives Olivenöl extra
- 750 ml Gemüsebrühe
- 1/2 TL Kreuzkümmel, gemahlen
- 1 Prise Pfeffer
- Salz nach Bedarf
- 1 EL frischer Koriander, gehackt (zum Garnieren)

Zubereitung:
1. Erhitze das Olivenöl in einem Topf auf mittlerer Hitze. Füge die gehackte Zwiebel hinzu und dünste sie, bis sie glasig ist.
2. Gib die gewürfelten Karotten und das Kurkuma-Pulver hinzu. Kurz anbraten, bis die Karotten leicht goldbraun sind.
3. Füge die Linsen, Kreuzkümmel und Gemüsebrühe hinzu. Erhöhe die Hitze, bis es kocht, dann reduziere auf niedrige Hitze und lass die Suppe 25 Minuten köcheln oder bis die Linsen weich sind.
4. Mit Salz und Pfeffer abschmecken.
5. Die Suppe in eine Schüssel gießen und mit frischem Koriander garnieren.

Brokkoli-Cremesuppe mit Mandelsplittern

Zubereitungszeit: 25 Minuten
Portionen: 1 Person

Zutaten:

- 200 g Brokkoli, in Röschen geteilt
- 30 g Mandelsplitter, leicht geröstet
- 1 mittelgroße Zwiebel, gewürfelt
- 1 EL natives Olivenöl extra
- 250 ml Gemüsebrühe
- 100 ml Kokosmilch
- 1/2 TL Kurkuma
- Salz und Pfeffer nach Geschmack
- 1 TL frischer Bio-Zitronensaft
- 1 EL frischer Schnittlauch, gehackt

Zubereitung:

1. Erhitze Olivenöl in einem Topf und dünste die Zwiebel darin glasig an.

2. Füge Brokkoliröschen hinzu und brate sie für 3 Minuten mit an.

3. Gieße Gemüsebrühe dazu und bringe alles zum Kochen.

4. Reduziere die Hitze und lasse den Brokkoli 10 Minuten köcheln.

5. Währenddessen röste die Mandelsplitter in einer Pfanne ohne Öl, bis sie goldbraun sind.

6. Gib Kokosmilch und Kurkuma in den Topf und püriere die Suppe mit einem Stabmixer, bis sie cremig ist.

7. Schmecke mit Salz, Pfeffer und Zitronensaft ab.

8. Gib die Suppe in einer Schale und streue Mandelsplitter und Schnittlauch darüber.

Kürbissuppe

Zubereitungszeit: 30 Minuten
Portionen: 1 Person

Zutaten:

- 250 g Hokkaido-Kürbis, gewürfelt
- 1 mittelgroße Zwiebel, gewürfelt
- 1 EL natives Olivenöl extra
- 1 TL frischer Ingwer, fein gehackt
- 200 ml Hafermilch
- 300 ml Gemüsebrühe
- Salz und Pfeffer nach Bedarf
- Frische Petersilie, gehackt, zum Garnieren
- 1 TL Kürbiskerne zum Garnieren

Zubereitung:

1. Erhitze das Olivenöl in einem Topf. Füge die gewürfelte Zwiebel und den gehackten Ingwer hinzu und dünste alles, bis die Zwiebeln glasig sind.

2. Den gewürfelten Kürbis hinzufügen und kurz mitdünsten.

3. Gemüsebrühe hinzugießen und den Kürbis weich kochen, etwa 20 Minuten.

4. Sobald der Kürbis weich ist, die Hafermilch hinzufügen und die Suppe mit einem Pürierstab fein pürieren.

5. Mit Salz und Pfeffer abschmecken.

6. Die Suppe in eine Schüssel geben und mit gehackter Petersilie sowie Kürbiskernen garnieren.

Grünkohleintopf mit Süßkartoffeln

Zubereitungszeit: 30 Minuten
Portionen: 1 Person

Zutaten:

- 100 g Grünkohl, gewaschen und grob gehackt
- 1 kleine Süßkartoffel (ca. 150 g), geschält und in Würfel geschnitten
- 500 ml Gemüsebrühe
- 1 kleine Zwiebel, gewürfelt
- 1 EL natives Olivenöl extra
- 1 TL Kurkuma
- 1 TL Ingwer, fein gehackt
- Salz und Pfeffer nach Belieben
- 1 EL frischer Bio-Zitronensaft
- 1 TL Petersilie, fein gehackt

Zubereitung:

1. In einem Topf das Olivenöl erhitzen und die gewürfelte Zwiebel darin glasig dünsten.
2. Die Süßkartoffelwürfel hinzufügen und etwa 3 Minuten anbraten, bis sie leicht goldbraun sind.
3. Kurkuma und Ingwer hinzufügen und gut umrühren, sodass die Gewürze die Zwiebeln und Süßkartoffelwürfel überziehen.
4. Den Grünkohl hinzugeben und kurz mit anbraten, bis er leicht zusammenfällt.
5. Mit der Gemüsebrühe ablöschen und zum Kochen bringen.
6. Auf niedriger Hitze 20 Minuten köcheln lassen, bis der Grünkohl weich und die Süßkartoffel gar ist.
7. Mit Salz, Pfeffer und Zitronensaft abschmecken.
8. Zum Schluss mit gehackter Petersilie bestreuen.

Zucchinisuppe

Zubereitungszeit: 25 Minuten
Portionen: 1 Person

Zutaten:

- 1 kleine Zucchini, gewaschen und in Würfel geschnitten
- 1 Schalotte, geschält und fein gehackt
- 200 ml Gemüsebrühe
- 1 EL natives Olivenöl extra
- 1 TL frischer Dill, fein gehackt
- Salz und Pfeffer nach Geschmack
- 1 EL Bio-Zitronensaft
- 1 EL Creme fraiche

Zubereitung:

1. In einem Topf das Olivenöl erhitzen und die Schalotte darin glasig dünsten.

2. Zucchinistücke hinzufügen und etwa 3 Minuten mitdünsten, bis sie leicht weich sind.

3. Gemüsebrühe eingießen und zum Kochen bringen. Auf mittlerer Hitze 10 Minuten köcheln lassen.

4. Suppe vom Herd nehmen und mit einem Stabmixer pürieren, bis sie cremig ist.

5. Dill, Zitronensaft und Creme fraiche unterrühren. Mit Salz und Pfeffer abschmecken.

6. Suppe wieder erhitzen, aber nicht kochen lassen. Fertig.

Weißkohleintopf

Zubereitungszeit: 30 Minuten
Portionen: 1 Person

Zutaten:

- 100 g Weißkohl, in feine Streifen geschnitten
- 1 kleine Kartoffel, gewürfelt
- 1 kleine Karotte, gewürfelt
- 1 kleine Zwiebel, fein gehackt
- 1 TL Kurkuma
- 1 EL natives Olivenöl extra
- 500 ml Gemüsebrühe
- Salz und Pfeffer, nach Geschmack
- 1 TL frischer Ingwer, gerieben
- 1 EL frische Petersilie, gehackt

Zubereitung:

1. In einem mittelgroßen Topf das Olivenöl erhitzen, die Zwiebel darin glasig dünsten.

2. Kartoffel und Karotte hinzufügen und einige Minuten anbraten.

3. Den Weißkohl und den geriebenen Ingwer hinzufügen, mit Kurkuma, Salz und Pfeffer würzen.

4. Die Gemüsebrühe eingießen, aufkochen lassen und bei mittlerer Hitze etwa 20 Minuten köcheln, bis das Gemüse weich ist.

5. Die Petersilie unterrühren und vom Herd nehmen. Guten Appetit.

Tomaten-Basilikum-Suppe

Zubereitungszeit: 25 Minuten
Portionen: 1 Person

Zutaten:

- 300 g reife Tomaten, gewürfelt
- 10 g frisches Basilikum, fein gehackt
- 250 ml Gemüsebrühe
- 1 EL natives Olivenöl extra
- 1 kleine Zwiebel, fein gewürfelt
- 1 TL Meersalz
- 1/2 TL schwarzer Pfeffer, gemahlen
- 1 EL Bio-Zitronensaft
- 1 TL Honig

Zubereitung:

1. In einem Topf das Olivenöl erhitzen und die gewürfelte Zwiebel darin glasig dünsten.
2. Die gewürfelten Tomaten hinzufügen und 5 Minuten köcheln lassen, bis sie weich werden.
3. Gemüsebrühe, Salz, Pfeffer und Honig dazugeben und alles 10 Minuten auf mittlerer Stufe köcheln lassen.
4. Den Topf vom Herd nehmen, dass fein gehackte Basilikum und den Zitronensaft unterrühren.
5. Mit einem Stabmixer die Suppe pürieren, bis sie eine cremige Konsistenz hat.
6. Nochmals abschmecken und eventuell nachwürzen. Fertig.

Rote-Bete-Suppe

Zubereitungszeit: 30 Minuten
Portionen: 1 Person

Zutaten:

- 150 g frische Rote Bete, geschält und gewürfelt
- 500 ml Gemüsebrühe
- 1 TL frisch geriebene Zitronenschale (von 1 Bio-Zitrone)
- 1 EL natives Olivenöl extra
- 1 Frühlingszwiebel, fein gehackt
- 1 TL Ingwer, fein gehackt
- 1 TL Kurkuma
- Salz und Pfeffer nach Geschmack
- 1 EL frischer Dill, fein gehackt
- 2 EL Kokosmilch

Zubereitung:

1. In einem Topf das Olivenöl erhitzen. Frühlingszwiebel und Ingwer darin anbraten, bis sie duften.
2. Gewürfelte Rote Bete hinzufügen und kurz mitdünsten.
3. Gemüsebrühe, Kurkuma, Salz und Pfeffer hinzugeben. Zum Kochen bringen.
4. Bei mittlerer Hitze 20 Minuten köcheln lassen, bis die Rote Bete weich ist.
5. Suppe vom Herd nehmen und mit einem Handmixer oder in einem Standmixer glatt pürieren.
6. Suppe zurück in den Topf geben. Kokosmilch unterrühren und nochmals erhitzen, bis sie heiß ist.
7. Mit Zitronenschale und Dill garnieren.

Spinatsuppe mit Knoblauch und Cashew

Zubereitungszeit: 20 Minuten
Portionen: 1 Person

Zutaten:

- 100 g frischer Spinat, gewaschen und grob gehackt
- 2 Knoblauchzehen, fein gehackt
- 30 g Cashewkerne, geröstet
- 250 ml Gemüsebrühe
- 1 EL natives Olivenöl extra
- 1 TL Kurkuma
- 1 EL Bio-Zitronensaft
- Salz und Pfeffer nach Bedarf

Zubereitung:

1. Erhitze das Olivenöl in einem Topf. Füge den gehackten Knoblauch hinzu und dünste ihn, bis er goldbraun ist.
2. Füge den Spinat hinzu und lass ihn schrumpfen, bis er weich ist.
3. Cashewkerne, Kurkuma, Salz und Pfeffer hinzufügen. Gut umrühren.
4. Gieße die Gemüsebrühe hinzu und lass die Suppe 10 Minuten auf mittlerer Stufe köcheln.
5. Vom Herd nehmen und mit einem Stabmixer pürieren, bis eine glatte Konsistenz erreicht ist.
6. Zum Schluss den Zitronensaft unterrühren und nach Bedarf nachwürzen.

Champignon-Cremesuppe

Zubereitungszeit: 25 Minuten
Portionen: 1 Person

Zutaten:

- 200 g frische Champignons, gewaschen und in Scheiben geschnitten
- 1 EL natives Olivenöl extra
- 1 kleine Zwiebel, gewürfelt
- 1 kleine Karotte, gewürfelt
- 250 ml Gemüsebrühe
- 100 ml Kokosmilch
- 1 EL frische Petersilie, gehackt
- 1 TL Kurkuma
- Salz und Pfeffer nach Bedarf

Zubereitung:

1. Erhitze das Olivenöl in einem Topf. Füge die Zwiebeln und Karotten hinzu und dünste sie, bis sie weich sind.

2. Gib die Champignons dazu und brate sie an, bis sie goldbraun sind.

3. Streue den Kurkuma über das Gemüse und rühre gut um.

4. Gieße die Gemüsebrühe und Kokosmilch hinzu und lasse die Suppe auf mittlerer Hitze köcheln, bis die Champignons weich sind.

5. Nimm den Topf vom Herd und püriere die Suppe mit einem Stabmixer, bis sie cremig ist.

6. Schmecke mit Salz und Pfeffer ab und rühre die gehackte Petersilie unter. Guten Appetit.

Kohlrabi-Suppe mit Kräutern

Zubereitungszeit: 25 Minuten
Portionen: 1 Person

Zutaten:
- 1 kleiner Kohlrabi, geschält und gewürfelt
- 1 kleine Karotte, geschält und gewürfelt
- 1 kleine Zwiebel, gewürfelt
- 1 kleine Kartoffel, geschält und gewürfelt
- 500 ml Gemüsebrühe
- 1 EL natives Olivenöl extra
- 1/2 TL Salz
- 1/2 TL Pfeffer
- 1 TL frische Petersilie, fein gehackt
- 1 TL frischer Thymian, fein gehackt

Zubereitung:
1. Das Olivenöl in einem Topf erhitzen und die Zwiebel darin glasig dünsten.
2. Kohlrabi, Karotte und Kartoffel hinzugeben und kurz anbraten.
3. Mit Gemüsebrühe aufgießen und aufkochen lassen.
4. Bei mittlerer Hitze 15-20 Minuten köcheln lassen, bis das Gemüse weich ist.
5. Mit einem Stabmixer die Suppe pürieren, bis sie glatt ist.
6. Mit Salz und Pfeffer abschmecken.
7. Die Kräuter untermischen und die Suppe noch einmal kurz erhitzen. Guten Appetit.

Artischockensuppe

Zubereitungszeit: 30 Minuten
Portionen: 1 Person

Zutaten:

- 2 kleine Artischocken, geputzt und in Vierteln
- 1 kleine Zwiebel, fein gewürfelt
- 1 EL natives Olivenöl extra
- 250 ml Gemüsebrühe
- 100 ml Kokosmilch
- 1 TL Kurkuma, gemahlen
- Salz und Pfeffer nach Geschmack
- 1 EL Petersilie, gehackt

Zubereitung:

1. Erhitze das Olivenöl in einem Topf und dünste die Zwiebeln darin glasig an.

2. Füge die Artischockenviertel hinzu und brate sie für etwa 5 Minuten mit.

3. Gieße die Gemüsebrühe dazu und bringe alles zum Köcheln. Lass es für ca. 20 Minuten köcheln, bis die Artischocken weich sind.

4. Gib die Kokosmilch und Kurkuma in den Topf und rühre gut um.

5. Püriere die Suppe mit einem Stabmixer, bis sie eine cremige Konsistenz hat.

6. Schmecke mit Salz und Pfeffer ab.

7. Zum Schluss mit gehackter Petersilie garnieren.

Paprikasuppe mit Quinoa

Zubereitungszeit: 30 Minuten
Portionen: 1 Person

Zutaten:

- 1 rote Paprika, gewürfelt
- 1 EL natives Olivenöl extra
- 50 g Quinoa, gut gespült
- 500 ml Gemüsebrühe
- 1 TL Kurkuma
- 1/2 TL Paprikapulver
- 1 kleine Zwiebel, fein gehackt
- 1 Knoblauchzehe, fein gehackt
- Salz und Pfeffer nach Geschmack
- 1 TL frischer Bio-Zitronensaft
- 1 TL frische Petersilie, gehackt

Zubereitung:

1. Erhitze das Olivenöl in einem Topf und dünste die Zwiebel und den Knoblauch darin an, bis sie glasig sind.

2. Füge die Paprika hinzu und brate sie für 3-4 Minuten mit, bis sie weich werden.

3. Gib nun die Quinoa, Kurkuma und das Paprikapulver hinzu und rühre alles gut um.

4. Gieße die Gemüsebrühe in den Topf und lasse die Suppe 15 Minuten köcheln, bis die Quinoa gar ist.

5. Schmecke die Suppe mit Salz, Pfeffer und Zitronensaft ab und garniere sie mit der frischen Petersilie.

Auberginensuppe mit Basilikum

Zubereitungszeit: 30 Minuten
Portionen: 1 Person

Zutaten:

- 1 kleine Aubergine, gewürfelt
- 1 EL natives Olivenöl extra
- 250 ml Gemüsebrühe
- 1 kleine Zwiebel, fein gehackt
- 1 TL frischer Ingwer, gerieben
- 1 Handvoll frischer Basilikum, gehackt
- Salz und Pfeffer nach Geschmack
- 1 EL Bio-Zitronensaft
- 50 ml Kokosmilch

Zubereitung:

1. Erhitze das Olivenöl in einem Topf. Zwiebel und Ingwer darin andünsten, bis sie glasig sind.

2. Füge die Auberginenwürfel hinzu und dünste sie für etwa 5 Minuten an, bis sie leicht gebräunt sind.

3. Gieße die Gemüsebrühe in den Topf und lass alles für 15 Minuten köcheln.

4. Schalte den Herd aus, gib Basilikum und Kokosmilch in den Topf und püriere die Suppe mit einem Stabmixer, bis sie glatt ist.

5. Schmecke mit Salz, Pfeffer und Zitronensaft ab. Bei Bedarf kannst du noch etwas Wasser hinzufügen, falls die Suppe zu dick ist.

6. Erhitze die Suppe erneut für einige Minuten. Guten Appetit.

Süßkartoffelsuppe

Zubereitungszeit: 30 Minuten
Portionen: 1 Person

Zutaten:

- 1 mittelgroße Süßkartoffel, geschält und gewürfelt
- 1 TL Kurkuma, gemahlen
- 1 EL natives Olivenöl extra
- 1 kleine Zwiebel, fein gehackt
- 500 ml Gemüsebrühe
- 1 TL Ingwer, frisch gerieben
- Salz und Pfeffer, nach Geschmack
- 1 EL Kokosmilch zum Garnieren
- Einige frische Korianderblätter zum Garnieren

Zubereitung:

1. In einem Topf das Olivenöl erhitzen und die gehackte Zwiebel darin glasig dünsten.
2. Süßkartoffelwürfel hinzugeben und für etwa 5 Minuten anbraten.
3. Kurkuma und geriebenen Ingwer hinzufügen und alles gut vermengen.
4. Gemüsebrühe hinzugießen und auf mittlerer Hitze köcheln lassen, bis die Süßkartoffeln weich sind.
5. Mit einem Stabmixer die Suppe pürieren, bis sie cremig ist.
6. Mit Salz und Pfeffer abschmecken.
7. In eine Schüssel gießen und mit einem EL Kokosmilch und einigen Korianderblättern garnieren.

Salate

Feldsalat mit Granatapfelkernen

Zubereitungszeit: 10 Minuten
Portionen: 1 Person

Zutaten:

- 50 g Feldsalat, gewaschen und getrocknet
- 1 Granatapfel, Kerne entnommen
- 30 g Walnüsse, grob gehackt
- 1 EL natives Olivenöl extra
- 1 TL Honig
- 1 EL Apfelessig
- 1 Prise Salz
- 1 Prise frisch gemahlener schwarzer Pfeffer

Zubereitung:

1. Den gewaschenen Feldsalat auf einem Teller anrichten.
2. Die Granatapfelkerne gleichmäßig über den Feldsalat streuen.
3. Die grob gehackten Walnüsse darüber geben.
4. In einer kleinen Schüssel das Olivenöl, den Honig, den Apfelessig, Salz und Pfeffer vermengen und gut verrühren, bis ein Dressing entsteht.
5. Zum Schluss das Dressing über den Salat gießen.

Linsensalat mit Rucola und Zitronendressing

Zubereitungszeit: 20 Minuten
Portionen: 1 Person

Zutaten:

- 50 g grüne Linsen, gewaschen
- 60 g Rucola, gewaschen und grob gehackt
- 1 Frühlingszwiebel, in feine Ringe geschnitten
- 5 Cherrytomaten, halbiert
- 1 EL natives Olivenöl extra
- 1 TL Bio-Zitronensaft
- Eine Prise Salz
- Eine Prise schwarzer Pfeffer
- 1 TL Honig
- 1 EL Kürbiskerne, geröstet

Zubereitung:

1. In einem kleinen Topf Wasser zum Kochen bringen. Die Linsen hinzufügen und ca. 15 Minuten kochen, bis sie weich, aber nicht matschig sind. Dann abgießen und beiseite stellen, um sie leicht abzukühlen.

2. Während die Linsen kochen, in einer kleinen Schüssel das Olivenöl, Zitronensaft, Honig, Salz und Pfeffer vermengen. Gut umrühren, bis eine homogene Mischung entsteht.

3. In einer größeren Schüssel den Rucola, die halbierten Cherrytomaten und die Frühlingszwiebeln mischen.

4. Die abgekühlten Linsen zum Rucola-Gemisch geben und vorsichtig unterheben.

5. Das vorbereitete Zitronendressing darüber gießen und alles gut vermischen.

6. Den Salat auf einen Teller geben und mit den gerösteten Kürbiskernen bestreuen.

Quinoasalat

Zubereitungszeit: 15 Minuten
Portionen: 1 Person

Zutaten:

- 50 g Quinoa, gewaschen und abgetropft
- 100 ml Wasser
- 1/2 kleine Gurke, gewürfelt
- 1 EL frischer Dill, fein gehackt
- 1 EL natives Olivenöl extra
- 1 EL Bio-Zitronensaft
- Salz und Pfeffer nach Geschmack
- 1 EL gehackte Mandeln, leicht geröstet
- 2 EL Kichererbsen, abgespült und abgetropft

Zubereitung:

1. Gib Quinoa und Wasser in einen kleinen Topf. Lass es aufkochen und reduziere dann die Hitze. Lass den Quinoa 10 Minuten köcheln, bis er weich ist und das Wasser absorbiert hat.

2. Während der Quinoa kocht, mische in einer Schüssel Gurke, Dill, Olivenöl, Zitronensaft, Salz und Pfeffer. Mische gut durch.

3. Füge den gekochten Quinoa zu der Gurkenmischung hinzu und vermische alles sorgfältig.

4. Streue die gerösteten Mandeln und die Kichererbsen darüber. Fertig.

Brokkolisalat

Zubereitungszeit: 15 Minuten
Portionen: 1 Person

Zutaten:

- 150 g Brokkoli, in kleine Röschen geschnitten
- 30 g Mandelsplitter, leicht geröstet
- 1 mittelgroße Karotte, in feine Streifen geschnitten
- 2 EL natives Olivenöl extra
- 1 TL Bio-Zitronensaft
- Salz und Pfeffer nach Belieben
- 1 EL frische Petersilie, fein gehackt
- 1 TL Sesamsamen, leicht geröstet

Zubereitung:

1. Bringe in einem kleinen Topf Wasser zum Kochen. Gib die Brokkoliröschen hinein und koche sie für etwa 3-4 Minuten, bis sie gerade zart sind. Dann sofort in eiskaltes Wasser geben, um den Kochprozess zu stoppen und die leuchtende grüne Farbe zu erhalten.
2. In einer Schüssel Olivenöl, Zitronensaft, Salz und Pfeffer vermengen und gut verrühren.
3. Füge den abgetropften Brokkoli und die Karottenstreifen hinzu und vermische alles sorgfältig.
4. Streue Mandelsplitter, Petersilie und Sesamsamen über den Salat und mische erneut vorsichtig durch. Guten Appetit.

Spinatsalat mit Avocado und Pinienkernen

Zubereitungszeit: 15 Minuten
Portionen: 1 Person

Zutaten:

- 100 g frischer Spinat, gewaschen und getrocknet
- 1 reife Avocado, gewürfelt
- 2 EL Pinienkerne, geröstet
- 10 Cherrytomaten, halbiert
- 1 EL natives Olivenöl extra
- 1 EL Bio-Zitronensaft, frisch gepresst
- Eine Prise Meersalz und Pfeffer
- 2 EL frischer Basilikum, gehackt
- 1 EL Parmesan, gerieben

Zubereitung:

1. In einer großen Schüssel Spinat, Avocado und die Cherrytomaten vermengen.

2. In einer kleinen Pfanne bei mittlerer Hitze die Pinienkerne leicht anrösten, bis sie goldbraun sind. Achtung, sie können schnell verbrennen! Anschließend aus der Pfanne nehmen und beiseite stellen.

3. In einer kleinen Schüssel Olivenöl, Zitronensaft, Meersalz und Pfeffer verrühren, um ein einfaches Dressing zu erstellen.

4. Das Dressing über den Salat gießen und alles gut vermengen.

5. Den Salat mit gerösteten Pinienkernen, gehacktem Basilikum und geriebenem Parmesan bestreuen.

Rote-Bete-Salat mit Walnüssen

Zubereitungszeit: 20 Minuten
Portionen: 1 Person

Zutaten:

- 1 mittelgroße Rote Bete, gewaschen und in dünne Scheiben geschnitten
- 50 g Walnüsse, grob gehackt
- 50 g Feta, zerbröselt
- 1 EL frische Minze, gehackt
- 1 EL natives Olivenöl extra
- 1 EL Apfelessig
- Salz und Pfeffer zum Würzen
- 1 kleine rote Zwiebel, in feine Ringe geschnitten

Zubereitung:

1. In einer trockenen Pfanne die Walnüsse auf mittlerer Flamme rösten, bis sie duften. Vom Herd nehmen und beiseite stellen.

2. Die geschnittenen Rote Bete-Scheiben in eine Salatschüssel geben.

3. Zwiebelringe, gehackte Walnüsse und zerbröselten Feta darüber verteilen.

4. In einer kleinen Schüssel Olivenöl, Apfelessig, Salz und Pfeffer vermischen. Gut verrühren und über den Salat träufeln.

5. Die gehackte Minze darüber streuen und alles vorsichtig vermengen. Fertig.

Gurkensalat mit Zitronendressing

Zubereitungszeit: 15 Minuten
Portionen: 1 Person

Zutaten:

- 1 kleine Gurke, gewaschen und in dünne Scheiben geschnitten
- 6 Minzblätter, frisch und fein gehackt
- 1 Bio-Zitrone, gepresst
- 2 EL natives Olivenöl extra
- Salz, nach Geschmack
- Pfeffer, nach Geschmack
- 1 TL Chia-Samen
- 1 TL Honig oder Agavendicksaft

Zubereitung:

1. In einer Schüssel das Olivenöl, den Zitronensaft, die Minze, den Honig oder Agavendicksaft, Salz und Pfeffer vermischen. Gut verrühren, bis ein glattes Dressing entsteht.

2. Die Gurkenscheiben in das Dressing geben und alles gut vermengen, sodass die Gurken gut mit dem Dressing überzogen sind.

3. Den Salat auf einem Teller anrichten und mit den Chia-Samen bestreuen.

Edamamesalat

Zubereitungszeit: 15 Minuten
Portionen: 1 Person

Zutaten:

- 100 g Edamame, geschält
- 1 Bio-Limette, gepresst
- 1 TL natives Olivenöl extra
- 1 kleine rote Paprika, fein gewürfelt
- 2 EL frische Korianderblätter, gehackt
- 50 g Cherrytomaten, halbiert
- 1 kleine Frühlingszwiebel, in feine Ringe geschnitten
- 1 TL schwarzer Sesam
- 1 Prise Meersalz
- 1 Prise frisch gemahlener Pfeffer

Zubereitung:

1. Edamame in einem Topf mit kochendem Wasser etwa 5 Minuten garen, dann abseihen und beiseite stellen.

2. In einer kleinen Schüssel Limettensaft, Olivenöl, Salz und Pfeffer verquirlen, um das Dressing zu machen.

3. In einer großen Schüssel Edamame, rote Paprika, Cherrytomaten und Frühlingszwiebel vermengen.

4. Das vorbereitete Limettendressing über den Salat gießen und gut vermischen.

5. Den Salat mit Koriander und schwarzem Sesam bestreuen.

Weißkohlsalat mit Apfel und Walnüssen

Zubereitungszeit: 15 Minuten
Portionen: 1 Person

Zutaten:

- 100 g Weißkohl, fein geschnitten
- 1 Apfel, gewürfelt
- 30 g Walnüsse, grob gehackt
- 1 EL natives Olivenöl extra
- 1 TL Apfelessig
- 1 TL Honig
- Eine Prise Salz
- Eine Prise Pfeffer
- 2 EL frische Petersilie, gehackt
- 1 EL Bio-Zitronensaft

Zubereitung:

1. In einer großen Schüssel den Weißkohl mit den Apfelstücken mischen.

2. Walnüsse in einer kleinen Pfanne ohne Öl leicht anrösten, bis sie duften. Dann zur Schüssel geben.

3. In einer kleinen Schüssel Olivenöl, Apfelessig, Honig, Salz und Pfeffer vermengen. Gut rühren, bis eine glatte Soße entsteht.

4. Das Dressing über den Weißkohl und die Äpfel geben und gut durchmischen.

5. Mit Zitronensaft beträufeln und mit gehackter Petersilie bestreuen. Guten Appetit.

Chicorée-Salat

Zubereitungszeit: 15 Minuten
Portionen: 1 Person

Zutaten:
- 1 Chicorée, gewaschen und in dünne Streifen geschnitten
- 1 Bio-Orange, geschält und in Filets geschnitten
- 2 EL natives Olivenöl extra
- 1 EL Apfelessig
- 1 TL Honig
- Eine kleine Handvoll Walnüsse, grob gehackt
- Eine Prise Salz und Pfeffer

Zubereitung:
1. Nimm eine Salatschüssel zur Hand und lege die Chicorée-Streifen hinein.
2. Füge die Orangenfilets hinzu.
3. In einer kleinen Schüssel Olivenöl, Apfelessig und Honig verquirlen, bis sie gut miteinander vermischt sind. Mit Salz und Pfeffer abschmecken.
4. Das Dressing über den Salat gießen und alles gut vermengen.
5. Zum Schluss die gehackten Walnüsse über den Salat streuen.

Kichererbsensalat

Zubereitungszeit: 15 Minuten
Portionen: 1 Person

Zutaten:

- 100 g Kichererbsen, gekocht und abgetropft
- 2 EL Rosinen
- 1 EL natives Olivenöl extra
- 1/2 TL Kurkuma, gemahlen
- 1 Frühlingszwiebel, in feine Ringe geschnitten
- 1 EL Bio-Zitronensaft
- Salz und Pfeffer nach Belieben
- Einige Blätter frischer Basilikum, grob gehackt
- 50 g Spinat, gewaschen und grob gehackt

Zubereitung:

1. Gib die Kichererbsen in eine mittelgroße Schüssel.

2. Füge die Rosinen hinzu.

3. In einer kleinen Schale Olivenöl mit Kurkuma, Zitronensaft, Salz und Pfeffer vermischen. Gut rühren, bis alles gut vermischt ist.

4. Gib das Olivenöl-Kurkuma-Dressing über die Kichererbsen und Rosinen.

5. Die Frühlingszwiebel und den gehackten Spinat hinzufügen. Alles gut vermengen.

6. Abschließend den Basilikum über den Salat streuen.

Fenchelsalat

Zubereitungszeit: 20 Minuten
Portionen: 1 Person

Zutaten:

- 1 mittelgroßer Fenchel, gewaschen und in dünne Scheiben geschnitten
- 1 Bio-Orange, geschält und in Scheiben geschnitten
- 1 Bio-Limette, geschält und in Scheiben geschnitten
- 1 EL natives Olivenöl extra
- 1 TL Honig
- Salz und Pfeffer nach Geschmack
- 1 EL frische Minze, gewaschen und gehackt
- 1 EL frischer Basilikum, gewaschen und gehackt

Zubereitung:

1. In einer Schüssel die Fenchelscheiben, Orangen- und Limettenscheiben vorsichtig vermengen.

2. In einer kleinen Schale Olivenöl, Honig, Salz und Pfeffer verrühren, bis alles gut vermischt ist.

3. Das Dressing über den Salat träufeln und alles vorsichtig durchmischen.

4. Den Salat auf einen Teller geben und mit Minze und Basilikum bestreuen.

Snacks & Beilagen

Süßkartoffelpommes

Zubereitungszeit: 30 Minuten
Portionen: 1 Person

Zutaten:

- 1 mittelgroße Süßkartoffel, geschält und in Pommes-Streifen geschnitten
- 2 EL natives Olivenöl extra
- 1 TL frischer Rosmarin, fein gehackt
- Eine Prise Meersalz
- Eine Prise schwarzer Pfeffer

Zubereitung:

1. Den Backofen auf 200 Grad vorheizen.
2. Die geschnittenen Süßkartoffelstreifen in eine Schüssel geben und mit Olivenöl, gehacktem Rosmarin, Salz und Pfeffer vermengen, bis alles gut bedeckt ist.
3. Ein Backblech mit Backpapier auslegen. Die marinierten Süßkartoffelstreifen darauf verteilen, sodass sie nicht übereinander liegen.
4. Im vorgeheizten Backofen ca. 20-25 Minuten backen, bis sie goldbraun und knusprig sind. Dabei einmal nach der Hälfte der Zeit wenden.
5. Die Pommes aus dem Ofen nehmen und kurz abkühlen lassen. Guten Appetit.

Gedünstetes Gemüse mit Kräuterquark

Zubereitungszeit: 20 Minuten
Portionen: 1 Person

Zutaten:

- 100 g Brokkoli, in kleine Röschen geteilt
- 1 mittlere Karotte, in dünne Scheiben geschnitten
- 100 g grüne Bohnen, Enden entfernt und halbiert
- 100 g Magerquark
- 1 TL frischer Schnittlauch, fein gehackt
- 1 TL frische Petersilie, fein gehackt
- 1 TL frischer Dill, fein gehackt
- 1 TL natives Olivenöl extra
- Salz und Pfeffer nach Geschmack

Zubereitung:

1. Brokkoli, Karotten und grüne Bohnen in einen Topf mit leicht gesalzenem Wasser geben.
2. Das Gemüse 10 Minuten bei mittlerer Hitze dünsten, bis es weich, aber noch bissfest ist.
3. Während das Gemüse gart, Quark, Schnittlauch, Petersilie und Dill in einer kleinen Schüssel vermengen.
4. Mit Salz und Pfeffer würzen und gut umrühren.
5. Das gedünstete Gemüse abgießen und gut abtropfen lassen.
6. Gemüse auf einen Teller legen und den Kräuterquark darauf verteilen.
7. Zum Schluss das Ganze mit einem TL Olivenöl beträufeln.

Hummus mit Karottensticks

Zubereitungszeit: 15 Minuten
Portionen: 1 Person

Zutaten:
- 100 g Kichererbsen, abgetropft und gewaschen
- 1 EL natives Olivenöl extra
- 1 TL Bio-Zitronensaft
- 1/2 TL Kreuzkümmel
- Eine Prise Salz
- 2 Karotten, geschält und in Sticks geschnitten
- Ein Spritzer kaltes Wasser

Zubereitung:
1. Gib die Kichererbsen in eine Schüssel und füge Olivenöl, Zitronensaft, Kreuzkümmel und Salz hinzu.
2. Verwende einen Handmixer oder eine Küchenmaschine, um die Mischung zu einem glatten Hummus zu verarbeiten. Wenn der Hummus zu dick ist, gib einen Spritzer Wasser hinzu und mixe erneut.
3. Richte den Hummus in einer kleinen Schale an.
4. Schneide die Karotten in Sticks und lege sie neben dem Hummus. Guten Appetit.

Geröstete Kichererbsen mit Chili

Zubereitungszeit: 25 Minuten
Portionen: 1 Person

Zutaten:

- 150 g Kichererbsen, gut abgetropft
- 1 EL natives Olivenöl extra
- 1 TL Chilipulver
- 1/2 TL Kurkuma, gemahlen
- 1 TL Paprika, edelsüß
- Eine Prise Salz
- 1 TL Petersilie, fein gehackt

Zubereitung:

1. Heize deinen Ofen auf 200 Grad vor.

2. Mische in einer Schüssel die Kichererbsen mit Olivenöl, Chilipulver, Kurkuma, Paprika und Salz, bis sie gut ummantelt sind.

3. Breite die gewürzten Kichererbsen auf einem Backblech aus.

4. Röste die Kichererbsen im vorgeheizten Ofen für 15-20 Minuten, bis sie knusprig sind. Wende sie dabei einmal, damit sie gleichmäßig geröstet werden.

5. Nimm das Blech aus dem Ofen und lasse die Kichererbsen kurz abkühlen.

6. Bestreue die gerösteten Kichererbsen zum Schluss mit der fein gehackten Petersilie.

Grünkohlchips mit Meersalz

Zubereitungszeit: 20 Minuten
Portionen: 1 Person

Zutaten:

- 100 g frischer Grünkohl, gewaschen und getrocknet, grobe Stiele entfernt
- 1 EL natives Olivenöl extra
- 1/2 TL Meersalz
- 1/4 TL schwarzer Pfeffer, frisch gemahlen
- 1/2 TL Paprika, edelsüß

Zubereitung:

1. Den Backofen auf 150 Grad vorheizen. Ein Backblech mit Backpapier auslegen.

2. In einer großen Schüssel den Grünkohl mit dem Olivenöl vermengen, sodass alle Blätter leicht mit Öl bedeckt sind.

3. Grünkohl gleichmäßig auf dem Backblech verteilen, sodass die Blätter nicht übereinander liegen.

4. Meersalz, Pfeffer und Paprika in einer kleinen Schüssel vermischen und gleichmäßig über den Grünkohl streuen.

5. Im Backofen etwa 10-15 Minuten backen, bis die Ränder der Grünkohlblätter leicht knusprig und goldbraun sind.

6. Das Blech aus dem Ofen nehmen und die Grünkohlchips vorsichtig auf ein Gitter oder einen Teller legen, damit sie vollständig abkühlen.

Avocado-Feta-Dip

Zubereitungszeit: 10 Minuten
Portionen: 1 Person

Zutaten:

- 1 reife Avocado, halbiert und entkernt
- 50 g Feta, zerbröselt
- 1 EL natives Olivenöl extra
- 1 TL Bio-Zitronensaft
- 1 kleine Schalotte, fein gewürfelt
- Eine Prise Meersalz
- Eine Prise schwarzer Pfeffer
- 1 TL frischer Basilikum, fein gehackt

Zubereitung:

1. Die Avocado aus der Schale löffeln und in eine Schüssel geben.
2. Feta, Olivenöl, Zitronensaft und die fein gewürfelte Schalotte hinzufügen.
3. Mit einer Gabel oder einem Pürierstab zu einer gleichmäßigen Masse verarbeiten.
4. Mit Salz und Pfeffer abschmecken.
5. Den Basilikum unterheben und in eine Schale umfüllen.

Zucchinisticks mit Joghurt-Dip

Zubereitungszeit: 15 Minuten
Portionen: 1 Person

Zutaten:

- 1 mittelgroße Zucchini, gewaschen und in Sticks geschnitten
- 1 EL natives Olivenöl extra
- 1/4 TL Salz
- 1/4 TL Pfeffer
- 1/2 TL Paprika
- 1/4 TL Kurkuma
- 100 g Naturjoghurt
- 1/2 TL Bio-Zitronensaft
- 1 TL frische Minze, fein gehackt
- 1 kleine Knoblauchzehe, fein gehackt (falls gewünscht)

Zubereitung:

1. Heize deinen Ofen auf 200 Grad vor.

2. Vermenge in einer Schüssel die Zucchinisticks mit Olivenöl, Salz, Pfeffer, Paprika und Kurkuma.

3. Lege die gewürzten Zucchinisticks auf ein mit Backpapier ausgelegtes Backblech.

4. Backe die Zucchinisticks im Ofen für etwa 10-12 Minuten oder bis sie goldbraun und knusprig sind.

5. Während die Zucchinisticks backen, mische in einer kleinen Schüssel den Joghurt, Zitronensaft, Minze und Knoblauch (falls verwendet) miteinander, bis ein glatter Dip entsteht.

6. Sobald die Zucchinisticks fertig sind, nimm sie aus dem Ofen und lass sie kurz abkühlen.

7. Serviere die Sticks mit dem Dip.

Edamame mit Meersalz

Zubereitungszeit: 10 Minuten
Portionen: 1 Person

Zutaten:

- 150 g Edamame, tiefgefroren oder frisch, ohne Schale
- 1 TL Meersalz
- 1 EL natives Olivenöl extra
- 1 kleine rote Chili, entkernt und fein gehackt
- 1 TL geriebener Ingwer

Zubereitung:

1. Einen Topf mit Wasser zum Kochen bringen. Edamame hinzugeben und für 3-4 Minuten blanchieren, bis sie weich sind.

2. In der Zwischenzeit in einer kleinen Schale Olivenöl, gehackte Chili und geriebenen Ingwer vermischen.

3. Die gekochten Edamame abgießen und gut abtropfen lassen.

4. Die Edamame in die Schale geben und die Olivenöl-Chili-Ingwer-Mischung darüber verteilen. Gut vermengen, sodass die Edamame gleichmäßig mit der Mischung bedeckt sind.

5. Zum Schluss mit Meersalz bestreuen.

Ofengeröstete Paprika

Zubereitungszeit: 20 Minuten
Portionen: 1 Person

Zutaten:

- 1 Paprika, gewaschen und in Streifen geschnitten
- 2 Knoblauchzehen, fein gehackt
- 2 EL natives Olivenöl extra
- 1 TL Meersalz
- 1/2 TL frisch gemahlener schwarzer Pfeffer
- 1 TL frischer Thymian, gehackt
- 1 EL frischer Bio-Zitronensaft
- 1 TL Honig

Zubereitung:

1. Den Ofen auf 200 Grad vorheizen.

2. In einer Schüssel Paprikastreifen, gehackten Knoblauch, Olivenöl, Salz, Pfeffer und Thymian vermischen.

3. Die Paprikamischung auf ein Backblech legen und gleichmäßig verteilen.

4. Das Gemüse 15 Minuten im Ofen rösten, bis die Paprika weich und leicht gebräunt ist.

5. Während die Paprika röstet, in einer kleinen Schüssel Zitronensaft und Honig verrühren.

6. Die geröstete Paprika aus dem Ofen nehmen und noch heiß mit der Zitronen-Honig-Mischung beträufeln.

7. Vor dem Verzehr kurz abkühlen lassen. Guten Appetit.

Quinoa-Pilz-Pfanne

Zubereitungszeit: 20 Minuten
Portionen: 1 Person

Zutaten:

- 50 g Quinoa, gewaschen und abgetropft
- 150 ml Wasser
- 100 g Champignons, in Scheiben geschnitten
- 1 EL natives Olivenöl extra
- 1 kleine Zwiebel, fein gewürfelt
- 1 TL frischer Thymian, gehackt
- 1 EL Petersilie, gehackt
- Salz und Pfeffer nach Belieben

Zubereitung:

1. In einem Topf Wasser zum Kochen bringen. Quinoa hinzufügen und nach Anweisung garen, meist ca. 15 Minuten. Anschließend das Wasser abgießen und beiseite stellen.

2. Während der Quinoa kocht, erhitze das Olivenöl in einer Pfanne. Die Zwiebelwürfel darin glasig dünsten.

3. Champignons hinzufügen und goldbraun anbraten.

4. Den gekochten Quinoa und Thymian hinzufügen. Gut umrühren, bis alles heiß und gut vermischt ist.

5. Mit Salz und Pfeffer abschmecken.

6. Zum Schluss mit gehackter Petersilie bestreuen.

Spinat-Feta-Röllchen

Zubereitungszeit: 20 Minuten
Portionen: 6 Röllchen

Zutaten:

- 100 g frischer Spinat, gewaschen und gehackt
- 50 g Feta-Käse, zerbröselt
- 3 Vollkorn-Wraps
- 1 TL natives Olivenöl extra
- 1/2 TL Schwarzer Pfeffer, gemahlen
- 1/4 TL Muskatnuss, gerieben
- 50 ml Wasser

Zubereitung:

1. Erhitze in einer Pfanne das Olivenöl und füge den gehackten Spinat hinzu. Dünste den Spinat, bis er weich ist.

2. Gib Wasser hinzu und lass es verdampfen, so dass der Spinat nicht zu feucht ist.

3. Mische den Feta-Käse unter den Spinat. Würze mit Pfeffer und Muskatnuss. Rühre gut um, bis alles gut vermischt ist und nimm die Pfanne vom Herd.

4. Halbiere die Wraps, sodass du 6 Halbkreise erhältst.

5. Verteile die Spinat-Feta-Mischung gleichmäßig auf den halbierten Wraps.

6. Rolle die Wraps zu kleinen Röllchen auf.

Hauptgerichte

Spinat-Kichererbsen-Curry

Zubereitungszeit: 25 Minuten
Portionen: 1 Person

Zutaten:

- 100 g Spinat, gewaschen und grob gehackt
- 100 g Kichererbsen, abgetropft und abgespült
- 1 kleine Zwiebel, fein gehackt
- 1 EL natives Olivenöl extra
- 1 TL Currypulver
- 1 TL Kurkuma
- 1 TL Ingwer, frisch gerieben
- 1 kleine Tomate, gewürfelt
- 200 ml Kokosmilch
- Salz und Pfeffer nach Geschmack
- 1 EL frischer Koriander, gehackt
- 1 TL Bio-Zitronensaft

Zubereitung:

1. In einer Pfanne das Olivenöl erhitzen und die fein gehackte Zwiebel darin glasig dünsten.
2. Currypulver, Kurkuma und geriebenen Ingwer hinzufügen und kurz anbraten, bis die Gewürze duften.
3. Gewürfelte Tomate zum Gewürz-Zwiebel-Gemisch geben und weiter dünsten, bis die Tomaten weich sind.
4. Kichererbsen und Spinat hinzufügen und gut vermischen, bis der Spinat leicht welk ist.
5. Kokosmilch eingießen und zum Kochen bringen. Bei mittlerer Hitze 10 Minuten köcheln lassen.
6. Mit Salz, Pfeffer und Zitronensaft abschmecken.
7. Zum Schluss mit gehacktem Koriander bestreuen.

Zucchini-Nudeln mit Pesto

Zubereitungszeit: 20 Minuten
Portionen: 1 Person

Zutaten:

- 1 mittelgroße Zucchini, in feine Streifen geschnitten
- 1 reife Avocado, halbiert und entkernt
- 1 EL natives Olivenöl extra
- 1 EL Pinienkerne
- 1 EL frischer Bio-Zitronensaft
- 1 Handvoll frisches Basilikum, grob gehackt
- 1 kleine Knoblauchzehe, fein gehackt
- Salz und Pfeffer nach Belieben
- 1 EL geriebener Parmesan
- 1 EL Wasser

Zubereitung:

1. Für das Avocado-Pesto: Avocado, Olivenöl, Pinienkerne, Zitronensaft, Basilikum, Knoblauch, Salz und Pfeffer in einem Mixer fein pürieren. Bei Bedarf Wasser hinzufügen, um die gewünschte Konsistenz zu erreichen.

2. Die Zucchini-Streifen in einer Pfanne mit einem EL Olivenöl 2-3 Minuten leicht anbraten, bis sie weich, aber noch bissfest sind.

3. Das fertige Avocado-Pesto zu den Zucchini-Nudeln geben und gut vermischen, sodass alles gut bedeckt ist.

4. Auf einen Teller geben und mit geriebenem Parmesan bestreuen.

Kürbis-Risotto mit Salbei

Zubereitungszeit: 30 Minuten
Portionen: 1 Person

Zutaten:
- 80 g Risottoreis
- 100 g Hokkaido-Kürbis, gewürfelt
- 2 EL natives Olivenöl extra
- 1 kleine Zwiebel, fein gehackt
- 250 ml Gemüsebrühe, heiß
- 3 frische Salbeiblätter, fein gehackt
- 1 EL frisch geriebener Parmesan
- Salz und Pfeffer nach Belieben

Zubereitung:
1. Erhitze das Olivenöl in einer Pfanne und dünste die Zwiebel darin glasig an.
2. Gib den Risottoreis dazu und röste ihn leicht an, bis er glänzend aussieht.
3. Füge die Kürbiswürfel und den Salbei hinzu, rühre alles gut um.
4. Gieße mit einer Kelle der heißen Gemüsebrühe auf und rühre stetig, bis der Reis die Flüssigkeit aufgenommen hat.
5. Wiederhole den Vorgang mit der restlichen Brühe, bis der Reis weich und das Risotto cremig ist.
6. Mische den Parmesan unter das Risotto und schmecke mit Salz und Pfeffer ab. Fertig.

Linsen-Bolognese mit Spaghetti

Zubereitungszeit: 30 Minuten
Portionen: 1 Person

Zutaten:

- 80 g Spaghetti
- 50 g grüne Linsen, gewaschen und abgetropft
- 1 kleine Zwiebel, fein gewürfelt
- 1 Karotte, fein gewürfelt
- 1 EL natives Olivenöl extra
- 150 ml Gemüsebrühe
- 1 TL Tomatenmark
- 1 Prise getrockneter Oregano
- Salz und Pfeffer nach Geschmack
- Frischer Basilikum, gehackt (zum Garnieren)

Zubereitung:

1. Wasser in einem Topf zum Kochen bringen und die Spaghetti gemäß Packungsanweisung kochen. Abgießen und beiseite stellen.

2. In einer Pfanne das Olivenöl erhitzen und Zwiebeln sowie Karotten darin anbraten, bis sie weich sind.

3. Linsen hinzufügen und kurz mit den Zwiebeln und Karotten anbraten.

4. Gemüsebrühe, Tomatenmark, Oregano, Salz und Pfeffer hinzufügen und alles gut umrühren. Auf mittlerer Hitze köcheln lassen, bis die Linsen weich sind und die Flüssigkeit fast vollständig reduziert ist.

5. Die fertige Linsen-Bolognese über die gekochten Spaghetti geben und mit gehacktem Basilikum garnieren. Guten Appetit.

Süßkartoffel-Gnocchi

Zubereitungszeit: 35 Minuten
Portionen: 1 Person

Zutaten:

- 150 g Süßkartoffel, geschält und gewürfelt
- 40 g Mehl, plus etwas für die Arbeitsfläche
- 1 TL natives Olivenöl extra
- Eine Prise Salz
- 40 g Rucola, gewaschen und grob gehackt
- 1 EL Pinienkerne
- 1 EL Parmesan, gerieben
- 1 EL natives Olivenöl zum Anbraten

Zubereitung:

1. Koche die Süßkartoffelwürfel in leicht gesalzenem Wasser, bis sie weich sind (ca. 10-12 Minuten).

2. Gib die gekochten Süßkartoffelwürfel in eine Schüssel und zerdrücke sie mit einer Gabel zu einem Brei.

3. Füge das Mehl, Olivenöl und Salz hinzu und knete den Teig, bis er geschmeidig ist.

4. Bestreue eine Arbeitsfläche leicht mit Mehl. Forme aus dem Teig kleine Gnocchi, indem du kleine Portionen abstichst und sie zu Kugeln rollst.

5. Erhitze in einer Pfanne 1 EL Olivenöl und brate die Gnocchi goldbraun an.

6. In der gleichen Pfanne die Pinienkerne kurz anrösten, bis sie leicht gebräunt sind.

7. Mische die Gnocchi, den Rucola und die gerösteten Pinienkerne in der Pfanne. Zum Schluss den geriebenen Parmesan darüber geben. Fertig.

Quinoa-Gemüse-Pfanne

Zubereitungszeit: 25 Minuten
Portionen: 1 Person

Zutaten:

- 100 g Quinoa, gewaschen
- 200 ml Wasser
- 1 EL natives Olivenöl extra
- 50 g Zucchini, gewürfelt
- 50 g Paprika, gewürfelt
- 50 g Möhren, in dünne Scheiben geschnitten
- 2 Frühlingszwiebeln, in Ringe geschnitten
- 1 TL frischer Ingwer, fein gehackt
- 1 EL Sojasauce
- 1 TL Sesamöl
- Frische Petersilie, gehackt (zum Garnieren)
- 1 TL Chiasamen, optional zum Bestreuen

Zubereitung:

1. In einem Topf das Wasser zum Kochen bringen. Quinoa hinzugeben und für etwa 15 Minuten köcheln lassen, bis es weich ist. Anschließend das Wasser abgießen und den Quinoa zur Seite stellen.

2. In einer großen Pfanne das Olivenöl erhitzen. Zucchini, Paprika, Möhren und Frühlingszwiebeln darin für etwa 5 Minuten anbraten, bis sie leicht gebräunt und weich sind.

3. Den gehackten Ingwer zur Gemüsemischung geben und weitere 2 Minuten braten.

4. Nun den gekochten Quinoa in die Pfanne geben und alles gut vermischen.

5. Mit Sojasauce und Sesamöl würzen und alles gut vermengen, sodass der Quinoa und das Gemüse die Aromen aufnehmen.

6. Vor dem Servieren mit frischer Petersilie und bei Bedarf mit Chiasamen bestreuen.

Pilz-Ragout

Zubereitungszeit: 25 Minuten
Portionen: 1 Person

Zutaten:

- 100 g Champignons, gewaschen und in Scheiben geschnitten
- 75 g Couscous
- 2 EL frische Petersilie, fein gehackt
- 1 EL natives Olivenöl extra
- 1 kleine Zwiebel, gewürfelt
- 150 ml Gemüsebrühe
- 1 TL Kurkuma
- 1/2 TL Schwarzer Pfeffer
- Salz nach Bedarf
- 1 TL Bio-Zitronensaft
- 1 EL Pinienkerne, geröstet

Zubereitung:

1. Erhitze das Olivenöl in einer Pfanne und dünste die Zwiebeln darin glasig an.

2. Gib die Pilzscheiben dazu und brate sie goldbraun an. Würze mit Salz, Pfeffer und Kurkuma.

3. Währenddessen bringe die Gemüsebrühe in einem Topf zum Kochen. Gib den Couscous hinein und lasse ihn gemäß Packungsanweisung quellen.

4. Sobald der Couscous fertig ist, hebe die gehackte Petersilie und den Zitronensaft unter.

5. Verteile den Petersilien-Couscous auf einem Teller, gib das Pilz-Ragout darüber und garniere mit den gerösteten Pinienkernen.

Tofu-Stir-Fry mit Brokkoli

Zubereitungszeit: 20 Minuten
Portionen: 1 Person

Zutaten:

- 150 g Tofu, gewürfelt
- 100 g Brokkoli, in kleine Röschen geteilt
- 1 EL natives Olivenöl extra
- 1 TL Ingwer, frisch gerieben
- 1 kleine Frühlingszwiebel, in feine Ringe geschnitten
- 50 ml Sojasauce
- 1 TL Honig
- 1 EL Sesamsamen
- 1 TL Chiliflocken (oder nach Geschmack)
- 1 EL Bio-Limettensaft

Zubereitung:

1. Erhitze das Olivenöl in einer Pfanne bei mittlerer Hitze.

2. Gib den Tofu hinzu und brate ihn goldbraun. Wende die Tofuwürfel, sodass sie gleichmäßig gebräunt sind.

3. Füge den Brokkoli und den Ingwer hinzu und brate beides für etwa 5 Minuten mit, bis der Brokkoli etwas weicher wird.

4. Gib die Frühlingszwiebelringe in die Pfanne und brate sie 2 Minuten mit.

5. In einer kleinen Schüssel Sojasauce, Honig und Limettensaft vermengen. Die Mischung über den Tofu und Brokkoli gießen.

6. Alles gut vermischen und 2-3 Minuten köcheln lassen.

7. Mit Chiliflocken und Sesamsamen bestreuen. Guten Appetit!

Hirse-Bowl

Zubereitungszeit: 25 Minuten
Portionen: 1 Person

Zutaten:

- 80 g Hirse, gewaschen
- 250 ml Wasser
- 1 Avocado, halbiert und entkernt
- 2 EL natives Olivenöl extra
- 1 TL Sesamsamen
- 1 kleine Gurke, gewürfelt
- 1 Frühlingszwiebel, in dünne Ringe geschnitten
- 1 TL frischer Bio-Zitronensaft
- Salz und Pfeffer nach Belieben
- 1 Handvoll frische Petersilie, gehackt
- 1 EL Leinsamen

Zubereitung:

1. In einem Topf das Wasser zum Kochen bringen. Die Hirse hinzufügen, die Hitze reduzieren und 15 Minuten köcheln lassen, bis sie weich ist.

2. Während die Hirse kocht, die Avocado in Scheiben schneiden und mit einem EL Olivenöl beträufeln.

3. In einer kleinen Pfanne den restlichen EL Olivenöl erhitzen. Sesamsamen darin anrösten, bis sie goldbraun sind.

4. Die gekochte Hirse in eine Schale geben und mit dem Zitronensaft, Salz und Pfeffer würzen.

5. Avocado, Gurke und Frühlingszwiebel darüber verteilen.

6. Mit den gerösteten Sesamsamen, gehackter Petersilie und Leinsamen bestreuen. Fertig.

Spinat-Lasagne mit Mandelcreme

Zubereitungszeit: 35 Minuten
Portionen: 1 Person

Zutaten:

- 80 g frischer Spinat, gewaschen und grob gehackt
- 50 g Lasagneblätter
- 30 g Mandeln, geröstet und gemahlen
- 100 ml Mandelmilch, ungesüßt
- 1 kleine Zwiebel, gewürfelt
- 1 EL natives Olivenöl extra
- 1 TL frischer Oregano, gehackt
- 1 TL frischer Basilikum, gehackt
- Salz und Pfeffer nach Geschmack

Zubereitung:

1. Erhitze das Olivenöl in einer Pfanne und dünste die Zwiebeln, bis sie glasig sind.

2. Füge den Spinat hinzu und dünste weiter, bis er zusammenfällt. Mische Oregano und Basilikum unter und würze mit Salz und Pfeffer.

3. In einem kleinen Topf Mandelmilch erwärmen, aber nicht kochen. Mandeln hinzufügen und zu einer glatten Creme rühren. Bei Bedarf mit Salz und Pfeffer abschmecken.

4. Eine kleine Auflaufform leicht ölen. Beginne mit einer Schicht Lasagneblätter, gefolgt von einer Schicht Spinat und einem Klecks Mandelcreme.

5. Wiederhole die Schichten, bis alle Zutaten aufgebraucht sind, und ende mit einer Schicht Mandelcreme.

6. Im vorgeheizten Ofen bei 180 Grad für 25 Minuten backen, bis die Oberfläche goldbraun ist und die Lasagne heiß ist.

7. Aus dem Ofen nehmen und kurz ruhen lassen.

Vollkornwraps

Zubereitungszeit: 15 Minuten
Portionen: 1 Person

Zutaten:
- 1 Vollkornwrap, fertig zum Füllen
- 60 g Kichererbsen, abgetropft und abgespült
- 1 EL natives Olivenöl extra
- 1 TL Kreuzkümmel, gemahlen
- 1 TL Bio-Zitronensaft, frisch gepresst
- Salz und Pfeffer, nach Belieben
- 50 g Möhren, fein geraspelt
- 40 g Gurke, in dünne Scheiben geschnitten
- 20 g Spinatblätter, gewaschen
- 10 g Sesamsamen, geröstet

Zubereitung:
1. In einer Schüssel die Kichererbsen, Olivenöl, Kreuzkümmel und Zitronensaft vermengen. Mit einer Gabel die Kichererbsen leicht zerdrücken, bis ein grober Hummus entsteht. Mit Salz und Pfeffer abschmecken.
2. Den Vollkornwrap auf einer sauberen Arbeitsfläche ausbreiten.
3. Den zubereiteten Hummus gleichmäßig auf dem Wrap verteilen, dabei einen Rand von ca. 2 cm freilassen.
4. Die geraspelten Möhren, Gurkenscheiben und Spinatblätter über den Hummus streuen.
5. Den Wrap vorsichtig einrollen und fest in ein Stück Alufolie oder Backpapier wickeln, um ihn festzuhalten.
6. Vor dem Verzehr die Enden abschneiden und mit gerösteten Sesamsamen bestreuen.

Buchweizenpfannkuchen mit Spinatfüllung

Zubereitungszeit: 25 Minuten
Portionen: 2 Pfannkuchen

Zutaten:

- 70 g Buchweizenmehl
- 150 ml Wasser
- 1 TL natives Olivenöl extra
- Eine Prise Salz
- 100 g frischer Spinat, gewaschen und grob gehackt
- 1 kleine Zwiebel, gewürfelt
- 1 EL natives Olivenöl extra für das Anbraten
- Eine Prise Muskatnuss
- 1 EL Sonnenblumenkerne, geröstet
- 50 g Feta-Käse, zerbröselt
- Salz und Pfeffer nach Belieben

Zubereitung:

1. In einer Schüssel Buchweizenmehl, Wasser, 1 TL Olivenöl und Salz zu einem glatten Teig rühren. 10 Minuten ruhen lassen.

2. In einer Pfanne 1 EL Olivenöl erhitzen und die gewürfelte Zwiebel darin glasig dünsten.

3. Den gehackten Spinat hinzufügen und kurz dünsten, bis er zusammenfällt.

4. Mit Salz, Pfeffer und Muskatnuss abschmecken.

5. Den Teig in zwei Portionen teilen und in einer beschichteten Pfanne beidseitig zu Pfannkuchen ausbacken.

6. Die fertigen Pfannkuchen mit der Spinatfüllung belegen, Feta und Sonnenblumenkerne darüberstreuen.

7. Zum Schluss die Pfannkuchen einmal in der Mitte falten und servieren.

Gemüse-Tajine

Zubereitungszeit: 30 Minuten
Portionen: 1 Person

Zutaten:

- 100 g Couscous
- 200 ml Gemüsebrühe
- 1 kleine Zucchini, gewürfelt
- 1 Karotte, in Scheiben
- 3 Brokkoliröschen, klein geschnitten
- 1 EL natives Olivenöl extra
- 1 TL Kreuzkümmel
- 1 TL Kurkuma
- 1 TL Paprika, edelsüß
- Salz und Pfeffer nach Geschmack
- 1 Frühlingszwiebel, in Ringe geschnitten
- 1 EL frischer Koriander, gehackt
- 1 EL Bio-Zitronensaft

Zubereitung:

1. Bringe die Gemüsebrühe in einem kleinen Topf zum Kochen. Gib den Couscous hinzu, rühre um und nimm den Topf vom Herd. Decke ihn ab und lass den Couscous quellen.

2. In einer Pfanne das Olivenöl erhitzen und Zucchini, Karotte sowie Brokkoli darin anbraten.

3. Kreuzkümmel, Kurkuma und Paprika hinzufügen und alles gut vermengen. Mit Salz und Pfeffer würzen.

4. Das Gemüse etwa 10 Minuten auf mittlerer Hitze köcheln lassen, bis es weich ist.

5. Den Couscous mit einer Gabel auflockern und auf einen Teller geben.

6. Das Gemüse darüber verteilen. Mit Frühlingszwiebeln, Koriander und einem Spritzer Zitronensaft garnieren. Fertig.

Kichererbsen-Gemüse-Curry

Zubereitungszeit: 25 Minuten
Portionen: 1 Person

Zutaten:

- 80 g Kichererbsen, abgespült und abgetropft
- 100 g Gemüse deiner Wahl (z.B. Karotten, Brokkoli), gewaschen und klein geschnitten
- 150 ml Kokosmilch
- 1 EL natives Olivenöl extra
- 1 TL Currypulver
- 1/2 TL Kurkuma
- 1/2 TL Ingwerpulver
- 1 kleine Zwiebel, fein gewürfelt
- 1 kleine Knoblauchzehe, fein gehackt
- Salz und Pfeffer nach Geschmack
- Frische Korianderblätter, fein gehackt, zum Garnieren

Zubereitung:

1. Erhitze das Olivenöl in einer Pfanne und dünste die Zwiebel und den Knoblauch, bis sie glasig sind.

2. Füge das Gemüse hinzu und brate es 5 Minuten an.

3. Gib die Kichererbsen, Currypulver, Kurkuma und Ingwerpulver hinzu und vermische alles gut.

4. Gieße die Kokosmilch hinzu, reduziere die Hitze und lasse das Curry 10 Minuten köcheln, bis das Gemüse weich ist.

5. Schmecke mit Salz und Pfeffer ab und garniere das Gericht mit frischem Koriander. Guten Appetit.

Smoothies & Drinks

Blaubeer-Hafer-Smoothie

Zubereitungszeit: 5 Minuten
Portionen: 1 Person

Zutaten:
- 150 g frische Blaubeeren, gewaschen
- 40 g Haferflocken, fein
- 200 ml Mandelmilch, ungesüßt
- 1 EL Chiasamen
- 1 TL Honig
- 1 Prise Zimt, gemahlen
- 5 Eiswürfel

Zubereitung:
1. Nimm deine Blaubeeren und gib sie in einen Mixer.
2. Füge die Haferflocken und die Mandelmilch hinzu.
3. Gib die Chiasamen, den Honig und eine Prise Zimt dazu.
4. Füge zum Schluss die Eiswürfel hinzu.
5. Mixe alles gut durch, bis der Smoothie eine gleichmäßige, cremige Konsistenz hat.
6. Gieße deinen Smoothie in ein Glas.

Kurkuma-Latte mit Mandelmilch

Zubereitungszeit: 5 Minuten
Portionen: 1 Person

Zutaten:

- 200 ml Mandelmilch, ungesüßt
- 1 TL gemahlener Kurkuma
- 1 TL gemahlener Ingwer
- 1 TL Honig
- 1 Prise frisch gemahlener schwarzer Pfeffer
- 1 TL Kokosöl, geschmolzen

Zubereitung:

1. Gib die Mandelmilch in einen kleinen Topf und erhitze sie bei mittlerer Hitze, aber lass sie nicht kochen.

2. Füge den gemahlenen Kurkuma und Ingwer, den Honig, die Prise schwarzen Pfeffer und das Kokosöl hinzu.

3. Verrühre die Mischung mit einem Schneebesen und erhitze sie weiter, bis sie gut vermischt und heiß ist.

4. Gieße die Kurkuma-Latte in eine Tasse.

Grüner Detox-Smoothie

Zubereitungszeit: 5 Minuten
Portionen: 1 Person

Zutaten:

- 50 g frischer Spinat, gewaschen
- 1 reife Kiwi, geschält und in Stücke geschnitten
- 1/2 Gurke, gewaschen und in Scheiben geschnitten
- 1/2 reife Avocado, entkernt und ausgehöhlt
- 200 ml Kokoswasser
- 1 TL frischer Ingwer, gerieben
- 1 EL frischer Bio-Zitronensaft
- 1 Prise Meersalz

Zubereitung:

1. Spinat, Kiwi, Gurke und Avocado in einen Mixer geben.

2. Kokoswasser, Ingwer und Zitronensaft hinzufügen.

3. Alles auf höchster Stufe mixen, bis ein cremiger, gleichmäßiger Smoothie entsteht.

4. Zum Schluss mit einer Prise Meersalz abschmecken.

Erdbeer-Mandel-Smoothie

Zubereitungszeit: 5 Minuten
Portionen: 1 Person

Zutaten:
- 150 g frische Erdbeeren, gewaschen und entstielt
- 20 g Mandeln, geröstet
- 200 ml Mandelmilch, ungesüßt
- 1 TL Chia-Samen
- 1 EL Honig (oder nach Geschmack)
- Eine Prise Salz

Zubereitung:
1. Gib die Erdbeeren, gerösteten Mandeln und Mandelmilch in einen Mixer.
2. Füge Chia-Samen, Honig und eine Prise Salz hinzu.
3. Mixe alles, bis du eine gleichmäßige und cremige Konsistenz erhältst.
4. Gieße den Smoothie in ein Glas.

Ananas-Kokos-Smoothie

Zubereitungszeit: 10 Minuten
Portionen: 1 Person

Zutaten:
- 100 g frische Ananas, in Würfel geschnitten
- 50 ml Kokosmilch
- 1 EL Kokosraspeln
- 1 TL Ingwer, frisch gerieben
- 1 TL Honig
- 4 Eiswürfel
- 1 EL Chiasamen, optional

Zubereitung:
1. Die Ananaswürfel, Kokosmilch, Kokosraspeln, geriebenen Ingwer und Honig in einen leistungsstarken Mixer geben.
2. Die Eiswürfel hinzufügen und alles auf höchster Stufe mixen, bis der Smoothie glatt und cremig ist.
3. Den Smoothie in ein Glas gießen. Falls gewünscht, kannst du ihn zusätzlich mit Chiasamen bestreuen.

Rote-Bete-Saft

Zubereitungszeit: 10 Minuten
Portionen: 1 Person

Zutaten:

- 1 mittelgroße Rote Bete, geschält und grob gewürfelt
- 2 cm frischer Ingwer, geschält und gewürfelt
- 250 ml Wasser
- 1 EL frisch gepresster Bio-Zitronensaft
- 1 TL Honig
- Eine Prise Meersalz

Zubereitung:

1. Nimm die Rote Bete und den Ingwer und gib sie in einen Mixer.

2. Füge das Wasser hinzu und mixe, bis alles fein püriert ist.

3. Gib den Zitronensaft, Honig und eine Prise Meersalz dazu. Mixe erneut kurz, bis alles gut vermischt ist.

4. Gieße den Saft durch ein Sieb in ein Glas, um die festen Bestandteile zu entfernen.

Mango-Lassi mit Kardamom

Zubereitungszeit: 10 Minuten
Portionen: 1 Person

Zutaten:

- 150 g reife Mango, geschält und in Würfel geschnitten
- 100 g fettarmer Joghurt
- 50 ml kaltes Wasser
- 1 TL gemahlener Kardamom
- 1 TL Honig oder Ahornsirup
- Eine Prise Salz
- 3-4 Eiswürfel

Zubereitung:

1. Nimm die Mango und schneide sie in Würfel.

2. Gib die Mangowürfel zusammen mit dem Joghurt und dem kalten Wasser in einen Mixer.

3. Füge den gemahlenen Kardamom, den Honig oder Ahornsirup und die Prise Salz hinzu.

4. Mixe alles zu einer glatten Masse.

5. Gib die Eiswürfel hinzu und mixe erneut kurz.

6. Gieße den Mango-Lassi in ein Glas.

Zitronen-Ingwer-Tee

Zubereitungszeit: 10 Minuten
Portionen: 1 Person

Zutaten:

- 1 frische Bio-Zitrone, in dünne Scheiben geschnitten
- 1 Stück frischer Ingwer (ca. 5 cm), geschält und in dünne Scheiben geschnitten
- 250 ml Wasser
- 1 TL Honig
- 1 frische Minzblätter, gewaschen

Zubereitung:

1. Wasser in einem kleinen Topf zum Kochen bringen.
2. Ingwerscheiben hinzufügen und 5 Minuten köcheln lassen.
3. Zitronenscheiben und Minzblätter hinzufügen und weitere 2 Minuten köcheln.
4. Den Topf vom Herd nehmen und den Tee 2 Minuten ziehen lassen.
5. Den Tee durch ein Sieb in ein Glas gießen.
6. Nach Belieben mit Honig süßen.

Pfirsich-Smoothie

Zubereitungszeit: 10 Minuten
Portionen: 1 Person

Zutaten:

- 1 reifer Pfirsich, entsteint und in Stücke geschnitten
- 1 EL Chiasamen
- 150 ml Hafermilch
- 1 TL Honig oder Ahornsirup
- 1 Prise gemahlener Ingwer
- 3-4 Eiswürfel
- Einige frische Minzblätter, fein gehackt

Zubereitung:

1. In einen Mixer den geschnittenen Pfirsich, Chiasamen, Hafermilch, Honig oder Ahornsirup und den gemahlenen Ingwer geben.

2. Für 1-2 Minuten auf hoher Stufe mixen, bis die Mischung glatt und cremig ist.

3. Eiswürfel hinzufügen und weitere 30 Sekunden mixen.

4. In ein Glas gießen und mit den gehackten Minzblättern garnieren.

Sellerie-Apfel-Saft

Zubereitungszeit: 10 Minuten
Portionen: 1 Person

Zutaten:

- 2 Stangen Sellerie, gewaschen und in Stücke geschnitten
- 1 mittelgroßer Apfel, gewaschen, entkernt und in Viertel geschnitten
- 1 Stück Ingwer (ca. 2 cm), geschält und in dünne Scheiben geschnitten
- 200 ml kaltes Wasser
- 1 EL Bio-Zitronensaft
- 1 TL Honig

Zubereitung:

1. Nimm deinen Mixer oder Entsafter zur Hand.

2. Gib den Sellerie, den Apfel und den Ingwer in den Mixer.

3. Füge das kalte Wasser hinzu und mixe alles zu einem glatten Saft.

4. Seihe den Saft durch ein feines Sieb, um etwaige Stückchen zu entfernen.

5. Mische den Zitronensaft und den Honig unter und rühre so lange, bis sich der Honig komplett aufgelöst hat.

6. Gieße deinen Sellerie-Apfel-Saft in ein Glas.

Süße Leckereien

Energiebällchen mit Datteln und Nüssen

Zubereitungszeit: 15 Minuten
Portionen: 1 Person

Zutaten:

- 100 g Datteln, entkernt und grob gehackt
- 50 g Walnüsse, grob gehackt
- 25 g Mandeln, grob gehackt
- 10 g Kokosraspeln
- 1 TL Chiasamen
- 1 EL Honig
- Eine Prise Salz
- 1 TL Vanilleextrakt

Zubereitung:

1. In einer Küchenmaschine die Datteln, Walnüsse, Mandeln, Chiasamen, Honig, Salz und Vanilleextrakt hinzufügen.
2. Alles gut mixen, bis eine klebrige Masse entsteht.
3. Aus der Masse kleine Bällchen formen und diese in Kokosraspeln wälzen.
4. Die Bällchen für mindestens 30 Minuten im Kühlschrank fest werden lassen.

Haferflockenkekse mit Rosinen

Zubereitungszeit: 15 Minuten
Portionen: 1 Person

Zutaten:

- 50 g feine Haferflocken
- 25 g Rosinen, gewaschen
- 1 EL Kokosöl, geschmolzen
- 1 TL Honig
- 1 TL Zimt
- 1 EL Mandelmilch, ungesüßt
- 1 Prise Salz

Zubereitung:

1. Heize den Ofen auf 180 Grad vor.

2. In einer Schüssel Haferflocken und Rosinen vermengen.

3. Das geschmolzene Kokosöl, Honig, Zimt und Salz hinzufügen. Gut umrühren.

4. Mandelmilch hinzugeben und alles zu einer gleichmäßigen Masse vermengen.

5. Mit einem Löffel kleine Portionen auf ein mit Backpapier ausgelegtes Backblech setzen und leicht flach drücken.

6. Im Ofen etwa 10 Minuten backen, bis die Kekse goldbraun sind.

7. Die Kekse aus dem Ofen nehmen und auf einem Gitter auskühlen lassen.

Mandel-Honig-Riegel

Zubereitungszeit: 20 Minuten
Portionen: 4 Riegel

Zutaten:
- 100 g Mandeln, grob gehackt
- 3 EL Honig
- 50 g Haferflocken
- 1 EL Chiasamen
- 1 EL Kokosöl, geschmolzen
- 1 Prise Salz
- 1 TL Vanilleextrakt

Zubereitung:
1. Heize den Backofen auf 180 Grad vor.
2. In einer Schüssel Mandeln, Haferflocken, Chiasamen und Salz miteinander vermischen.
3. In einer kleinen Pfanne Kokosöl und Honig erhitzen, bis sie gut vermischt sind. Vanilleextrakt hinzufügen und gut rühren.
4. Die Honig-Mischung zu den trockenen Zutaten geben und gut vermischen, bis alles gut beschichtet ist.
5. Eine kleine Backform mit Backpapier auslegen. Die Mischung gleichmäßig darauf verteilen und fest andrücken.
6. Im vorgeheizten Backofen etwa 10-12 Minuten backen, bis die Ränder goldbraun sind.
7. Aus dem Ofen nehmen und vollständig abkühlen lassen. Danach in 4 Riegel schneiden. Guten Appetit.

Chia-Pudding mit Beeren

Zubereitungszeit: 15 Minuten + Einweichzeit
Portionen: 1 Person

Zutaten:

- 20 g Chiasamen
- 150 ml Mandelmilch, ungesüßt
- 1 TL Honig
- 1 Prise Vanillepulver
- 40 g gemischte Beeren (Himbeeren, Blaubeeren und Erdbeeren, gewaschen und halbiert)
- 10 g gehackte Nüsse (z.B. Mandeln, grob gehackt)
- Einige frische Minzblätter, gewaschen und zerkleinert

Zubereitung:

1. In einer Schale Chiasamen, Mandelmilch, Honig und Vanillepulver vermengen.
2. Für mindestens 3 Stunden oder über Nacht in den Kühlschrank stellen, damit die Chiasamen aufquellen können.
3. Nach der Einweichzeit den Pudding einmal gut umrühren. Sollte er zu fest sein, etwas zusätzliche Mandelmilch hinzufügen.
4. Beeren vorsichtig unter den Pudding heben.
5. In eine Schüssel oder ein Glas füllen.
6. Zum Schluss mit gehackten Nüssen und Minzblättern garnieren.

Leckeres Bananeneis

Zubereitungszeit: 4 Stunden inkl. Gefrierzeit
Portionen: 1 Person

Zutaten:

- 2 reife Bananen, in Scheiben geschnitten und gefroren
- 1 TL Honig
- 1 EL Kokosmilch
- Eine Prise Zimt

Zubereitung:

1. Lege die Bananenscheiben für mindestens 3 Stunden oder über Nacht in das Gefrierfach.

2. Gib die gefrorenen Bananenscheiben in einen Mixer.

3. Füge Honig, Kokosmilch und Zimt hinzu.

4. Mixe alles zu einer cremigen Masse.

5. Fülle das Bananeneis in eine geeignete Schale oder Form und stelle es für mindestens 1 Stunde zurück ins Gefrierfach.

Quarkauflauf mit Äpfeln

Zubereitungszeit: 30 Minuten
Portionen: 1 Person

Zutaten:
- 100 g Magerquark
- 1 kleiner Apfel, gewürfelt
- 2 EL Haferflocken
- 1 EL Honig
- 1 TL Zimt
- 1 EL Mandeln, gehackt
- 1 Bio-Ei
- 1 Prise Salz
- 1 TL Backpulver

Zubereitung:
1. Heize deinen Ofen auf 180 Grad vor.
2. In einer Schüssel den Magerquark, Haferflocken, Honig, Zimt, Ei, Salz und Backpulver gut vermengen.
3. Den Apfel schälen, entkernen und in kleine Würfel schneiden.
4. Apfelwürfel und gehackte Mandeln zur Quarkmischung geben und gut unterrühren.
5. Die Masse in eine kleine, ofenfeste Form geben.
6. Im vorgeheizten Ofen für ca. 20 Minuten backen, bis der Auflauf fest ist und goldbraun aussieht.
7. Den Auflauf aus dem Ofen nehmen und kurz abkühlen lassen.

Schokoladenmousse mit Avocado

Zubereitungszeit: 15 Minuten
Portionen: 1 Person

Zutaten:
- 1 reife Avocado, entkernt und geschält
- 2 EL Kakaopulver
- 1 EL Ahornsirup oder Honig
- 1 TL Vanilleextrakt
- 1 Prise Salz
- 50 ml Kokosmilch
- 1 EL dunkle Schokolade (min. 70% Kakao), geschmolzen

Zubereitung:
1. Die geschälte Avocado in ein hohes Gefäß geben.
2. Kakaopulver, Ahornsirup, Vanilleextrakt und Salz hinzufügen.
3. Unter Zugabe von Kokosmilch alles mit einem Stabmixer cremig pürieren. Achte darauf, dass die Masse gleichmäßig und ohne Klümpchen ist.
4. Geschmolzene Schokolade unterrühren und gut vermengen, bis das Mousse schön schokoladig wird.
5. Die Mousse in eine Schale geben und für etwa 1 Stunde im Kühlschrank fest werden lassen.
6. Vor dem Verzehr kurz aus dem Kühlschrank nehmen.

Mandel-Zimt-Muffins

Zubereitungszeit: 25 Minuten
Portionen: 2 Muffins

Zutaten:

- 40 g Mandelmehl
- 1 TL Zimtpulver
- 1 TL Backpulver
- 1 Bio-Ei, geschlagen
- 30 ml Mandelmilch, ungesüßt
- 20 g Honig
- 1 EL Kokosöl, geschmolzen
- Eine Prise Salz
- 1 EL Mandelblättchen, geröstet

Zubereitung:

1. Ofen auf 180 Grad vorheizen. Eine Muffinform mit 2 Mulden vorbereiten.

2. In einer Schüssel Mandelmehl, Zimt, Backpulver und Salz vermischen.

3. In einer zweiten Schüssel Ei, Mandelmilch, Honig und geschmolzenes Kokosöl verrühren.

4. Die nassen Zutaten zu den trockenen Zutaten hinzufügen und gut verrühren, bis ein homogener Teig entsteht.

5. Teig gleichmäßig auf die 2 Muffinmulden verteilen.

6. Mandelblättchen obenauf streuen.

7. Im vorgeheizten Ofen für 15-18 Minuten backen oder bis die Oberfläche fest und goldbraun ist.

8. Aus dem Ofen nehmen und vor dem Verzehr kurz abkühlen lassen. Fertig.

Apfel-Zimt-Riegel

Zubereitungszeit: 25 Minuten
Portionen: 4 Riegel

Zutaten:

- 2 mittelgroße Äpfel, gewürfelt
- 50 g Haferflocken
- 20 g Mandeln, grob gehackt
- 1 EL Honig
- 1 TL Zimt
- 1 EL Kokosöl, geschmolzen
- 1 Prise Salz

Zubereitung:

1. Ofen auf 180 Grad vorheizen.
2. In einer Schüssel Haferflocken, Mandeln, Zimt und Salz vermengen.
3. Äpfel waschen, schälen und in kleine Würfel schneiden.
4. Geschmolzenes Kokosöl und Honig über die trockenen Zutaten gießen.
5. Apfelstücke hinzufügen und alles gut vermischen, bis ein gleichmäßiger Teig entsteht.
6. Ein kleines Backblech mit Backpapier auslegen.
7. Die Masse gleichmäßig darauf verteilen und fest andrücken.
8. Für 20 Minuten backen, bis die Riegel goldbraun sind.
9. Aus dem Ofen nehmen und komplett auskühlen lassen, dann in 4 Riegel schneiden.

Erdbeersorbet

Zubereitungszeit: 15 Minuten + 4 Stunden Gefrierzeit
Portionen: 1 Person

Zutaten:

- 250 g frische Erdbeeren, gewaschen und entstielt
- 2 TL Honig
- 50 ml kaltes Wasser
- Saft von 1/2 Bio-Zitrone, frisch gepresst

Zubereitung:

1. Erdbeeren in kleine Stücke schneiden und in einen Mixer geben.

2. Honig, kaltes Wasser und Zitronensaft hinzufügen.

3. Die Mischung im Mixer glatt pürieren, bis eine gleichmäßige Konsistenz erreicht ist.

4. Das pürierte Erdbeer-Mix in eine gefrierfeste Schale geben und für ca. 4 Stunden in das Gefrierfach stellen.

5. Alle 30 Minuten mit einer Gabel durchrühren, um eine gleichmäßige Konsistenz zu erreichen.

6. Nach 4 Stunden ist dein Erdbeersorbet fertig! Vor dem Verzehr kurz stehen lassen, um es leichter portionieren zu können. Guten Appetit.

Hirsebrei mit Kakao und Banane

Zubereitungszeit: 20 Minuten
Portionen: 1 Person

Zutaten:

- 50 g Hirse, gut gewaschen
- 200 ml Wasser
- 1 reife Banane, in Scheiben geschnitten
- 1 EL Kakao
- 1 TL Honig
- 1 Prise Salz
- 1 TL Leinöl
- 1 EL gehackte Mandeln

Zubereitung:

1. Das Wasser in einem kleinen Topf zum Kochen bringen und eine Prise Salz hinzufügen.

2. Hirse hinzufügen und auf mittlerer Hitze für 15 Minuten köcheln lassen, bis sie weich und das Wasser absorbiert ist.

3. Während die Hirse kocht, die Bananenscheiben in einer kleinen Pfanne auf mittlerer Hitze leicht anbraten, bis sie goldbraun sind.

4. Kakao und Honig zum Hirsebrei hinzufügen und gut umrühren, bis alles gut vermischt ist.

5. Den Topf vom Herd nehmen und das Leinöl einrühren.

6. Den Brei in eine Schüssel geben, mit den angebratenen Bananenscheiben und gehackten Mandeln garnieren. Guten Appetit.

Kokos-Pfannkuchen

Zubereitungszeit: 15 Minuten
Portionen: 1 Person

Zutaten:

- 50 g Kokosmehl
- 150 ml Kokosmilch
- 1 reife Banane, zerdrückt
- 1 TL Backpulver
- 1 EL Chiasamen
- 1 EL Kokosöl, zum Braten
- Eine Prise Salz

Zubereitung:

1. Die zerdrückte Banane mit der Kokosmilch in einer Schüssel vermengen.
2. Kokosmehl, Backpulver und Salz hinzugeben. Gut verrühren.
3. Chiasamen einrühren und den Teig 5 Minuten ruhen lassen. Er wird etwas eindicken.
4. Kokosöl in einer Pfanne erhitzen.
5. Kleine Portionen des Teigs in die Pfanne geben und bei mittlerer Hitze von beiden Seiten goldbraun braten.
6. Fertige Pfannkuchen aus der Pfanne nehmen und warm halten, bis alle Pfannkuchen gebraten sind. Lass es dir schmecken.

Energiebällchen mit Datteln und Kakao

Zubereitungszeit: 15 Minuten
Portionen: 1 Person

Zutaten:
- 60 g Datteln, entsteint und grob gehackt
- 2 EL Kakaopulver
- 2 EL Kokosraspeln
- 1 EL Chiasamen
- 1 EL Mandelbutter
- 1 EL Kokosöl, geschmolzen
- 1 TL Vanilleextrakt
- Eine Prise Salz

Zubereitung:
1. Nimm eine mittelgroße Schüssel und gib die gehackten Datteln hinein.
2. Füge das Kakaopulver, die Kokosraspeln und die Chiasamen hinzu und vermische alles sorgfältig.
3. Gib die Mandelbutter, das geschmolzene Kokosöl und den Vanilleextrakt dazu. Mische erneut, bis eine klebrige Masse entsteht.
4. Forme mit den Händen kleine Bällchen aus der Masse. Jedes Bällchen sollte ungefähr die Größe einer Walnuss haben.
5. Leg die geformten Bällchen auf ein Backblech oder einen Teller und stelle sie für 10 Minuten in den Kühlschrank, damit sie fest werden.

Feigen im Mandelteig

Zubereitungszeit: 30 Minuten
Portionen: 1 Person

Zutaten:
- 4 frische Feigen, halbiert
- 50 g Mandelmehl
- 1 EL natives Olivenöl extra
- 1 TL Honig
- 1/2 TL Zimt
- Eine Prise Salz
- 1 TL Bio-Zitronensaft

Zubereitung:
1. Heize den Ofen auf 180 Grad vor.
2. Mische in einer Schüssel das Mandelmehl, Olivenöl, Honig, Zimt und Salz zu einem geschmeidigen Teig.
3. Lege ein Backpapier auf ein Backblech.
4. Drücke den Teig vorsichtig um die halbierten Feigen herum, sodass sie vollständig bedeckt sind.
5. Lege die Feigen auf das Backblech.
6. Tröpfle den Zitronensaft über die Feigen.
7. Backe die Feigen im Ofen für etwa 12-15 Minuten, oder bis der Mandelteig leicht goldbraun ist.
8. Zum Schluss lass sie kurz abkühlen.

Zimt-Hafer-Cookies

Zubereitungszeit: 15 Minuten
Portionen: 1 Person

Zutaten:
- 50 g Haferflocken
- 1 EL Chiasamen
- 2 EL Honig
- 1 TL Zimtpulver
- 1 EL Kokosöl, geschmolzen
- 2 EL Wasser
- 1 Prise Meersalz
- 1 TL Vanilleextrakt

Zubereitung:
1. Heize den Ofen auf 180 Grad vor.
2. In einer Schüssel Haferflocken, Chiasamen und Zimtpulver vermengen.
3. Füge das geschmolzene Kokosöl, Honig, Wasser und Vanilleextrakt hinzu. Vermische alles gründlich, bis eine klebrige Masse entsteht.
4. Mit einem Löffel kleine Portionen der Masse auf ein mit Backpapier ausgelegtes Blech setzen.
5. Die Cookies für etwa 10 Minuten im Ofen backen, bis sie fest und leicht goldbraun sind.
6. Lass die Cookies zum Schluss einige Minuten abkühlen.

Glutenfreie Rezepte

Mandelbrot

Zubereitungszeit: 50 Minuten
Portionen: 1 Brot

Zutaten:

- 150 g gemahlene Mandeln
- 30 g Kokosmehl
- 1 TL Backpulver
- 2 Bio-Eier
- 4 EL Kokosöl, geschmolzen
- 1 TL Vanilleextrakt
- Eine Prise Salz
- 3 EL gehackte Walnüsse
- 2 EL Chiasamen

Zubereitung:

1. Heize deinen Ofen auf 180 Grad vor.
2. In einer mittelgroßen Schüssel die gemahlenen Mandeln, Kokosmehl und Backpulver sorgfältig vermengen.
3. In einer zweiten Schüssel Eier, geschmolzenes Kokosöl und Vanilleextrakt kräftig verrühren.
4. Nun die nassen Zutaten zu den trockenen geben und mit einem Löffel oder Spatel gut durchmischen, bis ein homogener Teig entsteht.
5. Die gehackten Walnüsse und Chiasamen unterheben.
6. Die Teigmasse in eine kleine, mit Backpapier ausgelegte Brotform geben und gleichmäßig verteilen.
7. Das Mandelbrot im vorgeheizten Ofen für ca. 35-40 Minuten backen, bis die Oberfläche fest und leicht goldbraun ist.
8. Aus dem Ofen nehmen und vollständig abkühlen lassen, bevor du es aus der Form nimmst.

Kokos-Hafer-Cookies

Zubereitungszeit: 20 Minuten
Portionen: 1 Person

Zutaten:
- 30 g glutenfreie Haferflocken
- 20 g Kokosraspeln
- 1 reife Banane, zerdrückt
- 1 EL Kokosöl, geschmolzen
- 1 TL Honig
- Eine Prise Salz
- 1 TL Vanilleextrakt
- 1 TL Backpulver

Zubereitung:
1. Ofen auf 180 Grad vorheizen.
2. In einer Schüssel die zerdrückte Banane, Kokosöl, Honig und Vanilleextrakt gut vermengen.
3. Haferflocken, Kokosraspeln, Backpulver und Salz hinzufügen. Alles gut mischen.
4. Mit einem Löffel kleine Teighäufchen auf ein mit Backpapier ausgelegtes Blech setzen.
5. Im Ofen 10-12 Minuten backen oder bis die Cookies goldbraun sind.
6. Aus dem Ofen nehmen und auf einem Gitter auskühlen lassen.

Quinoa-Muffins mit Heidelbeeren

Zubereitungszeit: 30 Minuten
Portionen: 1 Person

Zutaten:

- 50 g Quinoa, gewaschen und abgetropft
- 120 ml Wasser
- 1 Bio-Ei, verquirlt
- 1 EL Honig
- 1 TL Backpulver
- 1 Prise Salz
- 50 g frische Heidelbeeren, gewaschen
- 1 EL Kokosöl, geschmolzen

Zubereitung:

1. Den Ofen auf 180 Grad vorheizen.

2. Quinoa mit Wasser in einen Topf geben und zum Kochen bringen. Bei geringer Hitze 15 Minuten köcheln lassen, bis das Wasser aufgenommen ist.

3. In einer Schüssel das Ei, den Honig, das Backpulver und das Salz verquirlen.

4. Den gekochten Quinoa und das geschmolzene Kokosöl hinzufügen und gut umrühren.

5. Die Heidelbeeren unterheben.

6. Die Muffinförmchen mit etwas Kokosöl einfetten.

7. Den Teig in die Förmchen verteilen.

8. Im vorgeheizten Ofen 15-20 Minuten backen, bis die Muffins goldbraun sind.

9. Herausnehmen und auf einem Gitter abkühlen lassen.

Süßkartoffel-Brownies

Zubereitungszeit: 25 Minuten
Portionen: 2 Brownies

Zutaten:

- 100 g Süßkartoffel, geschält und gewürfelt
- 30 g Mandelmehl
- 20 g Kakaopulver
- 20 ml Ahornsirup
- 1 TL Vanilleextrakt
- 1/4 TL Backpulver
- Eine Prise Salz
- 10 g Walnüsse, grob gehackt

Zubereitung:

1. Ofen auf 180 Grad vorheizen.

2. Die Süßkartoffelwürfel in einen kleinen Topf geben, mit Wasser bedecken und zum Kochen bringen. Etwa 10 Minuten kochen lassen, bis sie weich sind.

3. Wasser abgießen und die Süßkartoffelwürfel in eine Schüssel geben. Mit einer Gabel zerdrücken, bis ein glattes Püree entsteht.

4. Mandelmehl, Kakaopulver, Ahornsirup, Vanilleextrakt, Backpulver und Salz zum Süßkartoffelpüree hinzufügen. Gut vermengen, bis alles gleichmäßig vermischt ist.

5. Die gehackten Walnüsse unterheben.

6. Eine kleine Backform leicht einfetten oder mit Backpapier auslegen. Die Brownie-Mischung hineingeben und glatt streichen.

7. Im Ofen etwa 15 Minuten backen, bis die Brownies fest und leicht gebräunt sind.

8. Aus dem Ofen nehmen und kurz abkühlen lassen. Dann in zwei Stücke schneiden.

Haselnuss-Kuchen

Zubereitungszeit: 25 Minuten
Portionen: 1 Person

Zutaten:

- 60 g gemahlene Haselnüsse
- 1 EL Honig
- 1 Bio-Ei, verquirlt
- 1 TL Backpulver
- 1 Prise Salz
- 1/2 TL Vanilleextrakt
- 10 ml Mandelmilch, ungesüßt
- Einige frische Beeren zum Garnieren, gewaschen

Zubereitung:

1. Den Ofen auf 180 Grad vorheizen.

2. In einer Schüssel gemahlene Haselnüsse, Backpulver und Salz mischen.

3. Honig, verquirltes Ei, Vanilleextrakt und Mandelmilch hinzufügen und zu einer homogenen Masse rühren.

4. Eine kleine Backform (ca. 15 cm Durchmesser) mit Backpapier auslegen und den Teig hineingeben.

5. Im vorgeheizten Ofen etwa 15-20 Minuten backen, bis der Kuchen fest ist und eine goldbraune Farbe hat.

6. Aus dem Ofen nehmen und abkühlen lassen. Danach mit frischen Beeren garnieren. Guten Appetit.

Dattel-Walnuss-Brot

Zubereitungszeit: 50 Minuten
Portionen: 1 Brot

Zutaten:

- 50 g getrocknete Datteln, entsteint und klein gehackt
- 60 g Walnüsse, grob zerkleinert
- 100 g Buchweizenmehl
- 1 EL Kokosöl, geschmolzen
- 1 TL Backpulver
- 1 EL Chiasamen
- 150 ml Wasser
- Eine Prise Salz
- 1 TL Honig

Zubereitung:

1. Heize deinen Ofen auf 180 Grad vor.

2. Mische Chiasamen mit Wasser in einer kleinen Schale und lass es 10 Minuten quellen.

3. In einer großen Schüssel vermische Buchweizenmehl, Backpulver und Salz.

4. Füge die Datteln und Walnüsse hinzu und vermische alles gut.

5. Gib das geschmolzene Kokosöl und Honig hinzu und mische weiter.

6. Füge die gequollenen Chiasamen hinzu und rühre, bis ein gleichmäßiger Teig entsteht.

7. Gieße den Teig in eine kleine, mit Backpapier ausgelegte Kastenform.

8. Backe das Brot im vorgeheizten Ofen für etwa 40 Minuten, oder bis es fest und goldbraun ist.

9. Lass es vor dem Anschneiden vollständig auskühlen.

Selbstgemachtes Zucchini-Brot

Zubereitungszeit: 35 Minuten
Portionen: 1 Brot

Zutaten:

- 120 g Zucchini, geraspelt und abgetropft
- 60 g gemahlene Mandeln
- 25 g Mandelblättchen
- 1 EL natives Olivenöl extra
- 1 TL Backpulver
- 1 Prise Salz
- 1 EL Honig oder Ahornsirup
- 1 TL Vanilleextrakt
- 2 EL Wasser

Zubereitung:

1. Heize deinen Backofen auf 180 Grad vor.

2. Drücke den geraspelten Zucchini in einem sauberen Tuch aus, um überschüssige Flüssigkeit zu entfernen.

3. In einer Schüssel die gemahlenen Mandeln, Backpulver und Salz vermengen.

4. In einer anderen Schüssel Olivenöl, Honig (oder Ahornsirup) und Vanilleextrakt gut vermischen.

5. Füge die Zucchiniraspel zur flüssigen Mischung hinzu und rühre gut um.

6. Mische nun die trockenen und die nassen Zutaten gut miteinander.

7. Bei Bedarf 2 EL Wasser hinzugeben, bis der Teig eine streichfähige Konsistenz hat.

8. Gib den Teig in eine gefettete oder mit Backpapier ausgelegte kleine Backform.

9. Streue die Mandelblättchen darüber.

10. Backe das Brot für ca. 25-30 Minuten oder bis ein Zahnstocher, den du in die Mitte steckst, sauber herauskommt.

11. Lass es vor dem Anschneiden einige Minuten abkühlen.

Hirsebrötchen mit Kürbiskernen

Zubereitungszeit: 30 Minuten
Portionen: 4 Brötchen

Zutaten:
- 150 g Hirse, gewaschen und abgetropft
- 250 ml Wasser
- 40 g Kürbiskerne, grob gehackt
- 2 EL natives Olivenöl extra
- 1 TL Salz
- 1/2 TL Backpulver
- 2 EL Leinsamen

Zubereitung:
1. Heize den Ofen auf 200 Grad vor.
2. Setze die Hirse mit Wasser in einen kleinen Topf und bringe sie zum Kochen. Lass sie dann auf niedriger Hitze 15 Minuten quellen, bis das gesamte Wasser absorbiert ist.
3. In einer Schüssel vermische die gekochte Hirse mit den Kürbiskernen, Olivenöl, Salz, Backpulver und Leinsamen zu einem Teig.
4. Teile den Teig in vier gleiche Portionen auf und forme daraus Brötchen. Lege sie auf ein mit Backpapier ausgelegtes Backblech.
5. Backe die Brötchen 15-20 Minuten, bis sie fest und goldbraun sind.
6. Nimm die Brötchen aus dem Ofen und lass sie kurz auf einem Gitter auskühlen.

Kokos-Mandel-Muffins

Zubereitungszeit: 25 Minuten
Portionen: 2 Muffins

Zutaten:

- 50 g gemahlene Mandeln
- 25 g Kokosmehl
- 1 EL Kokosöl, geschmolzen
- 1 TL Backpulver
- 50 ml Kokosmilch
- 1 Bio-Ei, verquirlt
- 1 EL Honig
- 1 Prise Salz
- 1 TL Vanilleextrakt
- 2 EL Kokosraspeln
- 5 ganze Mandeln, halbiert

Zubereitung:

1. Heize deinen Backofen auf 180 Grad vor.
2. In einer Schüssel die gemahlenen Mandeln, Kokosmehl und Backpulver vermischen.
3. Füge das geschmolzene Kokosöl, Kokosmilch, verquirlte Ei, Honig und Vanilleextrakt hinzu. Gut vermischen, bis eine homogene Masse entsteht.
4. Den Teig in zwei Muffinförmchen verteilen.
5. Bestreue die Muffins mit Kokosraspeln und setze jeweils 2-3 Mandelhälften obendrauf.
6. Im vorgeheizten Backofen ca. 20 Minuten backen oder bis die Oberfläche fest und goldbraun ist.
7. Zum Schluss die Muffins kurz abkühlen lassen.

Buchweizen-Pizza mit Gemüse

Zubereitungszeit: 30 Minuten
Portionen: 1 Pizza

Zutaten:

- 100 g Buchweizenmehl
- 120 ml Wasser
- 1 TL natives Olivenöl extra
- 1/2 TL Salz
- 1/2 TL Backpulver
- 50 g Bio-Tomatensoße
- 50 g frische Champignons, in Scheiben geschnitten
- 50 g Zucchini, in dünne Scheiben geschnitten
- 30 g Paprika, gewürfelt
- 30 g Brokkoli, in kleine Röschen geteilt
- 40 g Käse, gerieben
- Frische Kräuter (z.B. Basilikum), grob gehackt

Zubereitung:

1. Ofen auf 220 Grad vorheizen.
2. Buchweizenmehl, Wasser, Olivenöl, Salz und Backpulver in einer Schüssel zu einem glatten Teig verrühren.
3. Ein Backblech mit Backpapier auslegen. Teig darauf gleichmäßig verteilen und in eine runde Form bringen.
4. Tomatensoße gleichmäßig auf dem Teig verteilen.
5. Champignons, Zucchini, Paprika und Brokkoli auf der Soße verteilen.
6. Käse über das Gemüse streuen.
7. Pizza im vorgeheizten Ofen ca. 15-20 Minuten backen, bis der Rand goldbraun ist und der Käse geschmolzen.
8. Aus dem Ofen nehmen und mit den frischen Kräutern bestreuen. Lass es dir schmecken.

Mandel-Zitronen-Kuchen

Zubereitungszeit: 35 Minuten
Portionen: 1 Person

Zutaten:

- 50 g gemahlene Mandeln
- Saft und Schale von einer mittelgroßen Bio-Zitrone
- 2 EL Honig
- 1 Bio-Ei
- 1 TL Backpulver
- Eine Prise Salz
- 1 EL natives Olivenöl extra
- 1 EL Mandelsplitter

Zubereitung:

1. Heize den Ofen auf 180 Grad vor.
2. Reibe die Zitronenschale ab und presse den Saft aus. Beiseite stellen.
3. In einer Schüssel gemahlene Mandeln, Backpulver und Salz vermengen.
4. In einer anderen Schüssel Ei, Honig und Olivenöl schaumig schlagen.
5. Zitronensaft und -schale zur Ei-Honig-Mischung hinzufügen und gut vermengen.
6. Die trockenen Zutaten zur feuchten Mischung hinzugeben und gut verrühren.
7. Eine kleine Backform mit etwas Olivenöl einpinseln.
8. Teig in die Form geben und glatt streichen.
9. Mit Mandelsplittern bestreuen.
10. Im Ofen für etwa 25 Minuten backen, bis der Kuchen fest und goldbraun ist.
11. Aus dem Ofen nehmen und komplett abkühlen lassen.

Kürbiskern-Cookies

Zubereitungszeit: 15 Minuten
Portionen: 1 Person

Zutaten:
- 50 g Kürbiskerne, grob gehackt
- 40 g Mandelmehl
- 1 EL Honig
- 1 EL Kokosöl, geschmolzen
- 1 TL Vanilleextrakt
- 1 Prise Salz
- 1 TL Backpulver

Zubereitung:
1. Heize den Ofen auf 180 Grad vor.
2. In einer Schüssel Mandelmehl, gehackte Kürbiskerne, Salz und Backpulver vermischen.
3. Füge Honig, geschmolzenes Kokosöl und Vanilleextrakt hinzu und mische alles zu einem Teig.
4. Forme mit den Händen kleine Kugeln und drücke sie auf ein mit Backpapier belegtes Blech zu flachen Cookies.
5. Backe die Cookies 10-12 Minuten oder bis sie goldbraun sind.
6. Zum Schluss lass sie auf dem Blech auskühlen.

Schokoladen-Muffins mit Quinoa

Zubereitungszeit: 25 Minuten
Portionen: 2 Muffins

Zutaten:

- 30 g Quinoa, gewaschen
- 40 g dunkle Schokolade, klein gehackt
- 25 ml Mandelmilch, ungesüßt
- 1 EL Kokosöl, geschmolzen
- 1 TL Backpulver
- 2 TL Kakaopulver
- 1 EL Ahornsirup
- Eine Prise Salz

Zubereitung:

1. In einem kleinen Topf, Quinoa mit 60 ml Wasser zum Kochen bringen. Dann die Hitze reduzieren und 15 Minuten köcheln lassen, bis das Wasser absorbiert ist. Vom Herd nehmen und abkühlen lassen.

2. Den Ofen auf 180 Grad vorheizen. Eine Muffinform mit etwas Kokosöl einfetten.

3. In einer Schüssel, die geschmolzene Schokolade, Mandelmilch, Kokosöl und Ahornsirup vermischen.

4. In einer separaten Schüssel, Kakaopulver, Backpulver und Salz sieben.

5. Die trockenen Zutaten zur Schokoladenmischung hinzufügen und gut vermischen.

6. Den gekochten Quinoa unterrühren.

7. Den Teig gleichmäßig auf die Muffinförmchen verteilen.

8. Im vorgeheizten Ofen für 12-15 Minuten backen oder bis ein Zahnstocher sauber herauskommt.

9. Aus dem Ofen nehmen und auf einem Kuchengitter auskühlen lassen.

Apfel-Mandel-Kuchen

Zubereitungszeit: 30 Minuten
Portionen: 1 Person

Zutaten:
- 1 mittelgroßer Apfel, geschält und in dünne Scheiben geschnitten
- 50 g Mandeln, grob gehackt
- 30 g Kokosmehl
- 1 TL Backpulver
- 2 EL Honig
- 2 Bio-Eier, aufgeschlagen
- 50 ml Mandelmilch, ungesüßt
- 1 TL Vanilleextrakt
- Eine Prise Salz

Zubereitung:
1. Ofen auf 180 Grad vorheizen und eine kleine Kuchenform (ca. 15 cm Durchmesser) mit Backpapier auslegen.
2. In einer Schüssel Kokosmehl, Backpulver und Salz vermengen.
3. In einer anderen Schüssel Eier, Mandelmilch, Honig und Vanilleextrakt gut verrühren.
4. Die feuchten Zutaten zu den trockenen Zutaten geben und gut mischen, bis ein glatter Teig entsteht.
5. Apfelscheiben und gehackte Mandeln unterheben.
6. Den Teig in die vorbereitete Kuchenform geben und gleichmäßig verteilen.
7. Im Ofen für etwa 20-25 Minuten backen, bis der Kuchen fest und goldbraun ist.
8. Aus dem Ofen nehmen und vollständig abkühlen lassen.

Ernährung bei Histaminintoleranz

Vorwort

Liebe Leserin, lieber Leser,

als Autorin und leidenschaftliche Köchin, die stets auf der Suche nach neuen, inspirierenden Ideen für die Küche ist, habe ich es mir zur Aufgabe gemacht, die histaminarme Ernährung in den Mittelpunkt zu stellen. In diesem Buch findest du daher eine Vielzahl an Rezepten, die alle eines gemeinsam haben: Sie sind liebevoll zusammengestellt, leicht nachzukochen und sie tragen dazu bei, die Beschwerden einer Histaminintoleranz zu lindern.

Das Bewusstsein für eine gesunde Ernährung hat in den letzten Jahren enorm zugenommen und es wird immer deutlicher, dass es kaum einen besseren Weg gibt, unserem Körper Gutes zu tun, als durch eine bewusste Lebensmittelauswahl. Das Ziel dieses Buches ist es, dich auf deinem persönlichen Weg zu einem gesunden Lebensstil zu begleiten und dir zu zeigen, dass eine histaminarme Ernährung nicht bedeutet, dass du auf Genuss verzichten musst. Ganz im Gegenteil: Die Rezepte in diesem Buch beweisen, dass eine angepasste Ernährung und Genuss Hand in Hand gehen können.

Ich hoffe, dass du durch dieses Kochbuch die Freude am Entdecken und Ausprobieren neuer Rezepte findest. Denn am Ende des Tages geht es nicht nur darum, was wir essen, sondern auch darum, wie wir es zubereiten und genießen. Es ist die Leidenschaft, die Hingabe und die Liebe, die wir in die Zubereitung unserer Mahlzeiten stecken, die sie zu etwas Besonderem machen.

Nun wünsche ich dir viel Spaß beim Ausprobieren der Rezepte und beim Entdecken neuer Lieblingsgerichte. Möge dieses Buch dich auf deinem Weg zu einem gesunden und genussvollen Lebensstil begleiten.

Deine Carina Lehmann

Salate

Frischer Sommersalat mit Eisbergsalat

Zubereitungszeit: 20 Minuten
Portionen: 1 Person

Zutaten:

- 1 Handvoll Eisbergsalat, gewaschen und grob zerrissen
- 50 g Mangold, gewaschen und in Streifen geschnitten
- 1 kleiner Apfel, gewaschen, entkernt und in feine Spalten geschnitten
- 50 g frische Blaubeeren
- 1 Karotte, geschält und in dünne Scheiben geschnitten
- 5 - 7 Radieschen, gewaschen und in dünne Scheiben geschnitten
- 1 EL Kürbiskerne
- Ein paar frische Petersilienblätter, gehackt
- 1 EL natives Olivenöl extra
- 1 EL Verjus
- Eine Prise Salz
- Eine Prise weißer Pfeffer

Zubereitung:

1. In einer großen Salatschüssel den Eisbergsalat, Mangold, Apfelspalten, Blaubeeren, Karottenscheiben und Radieschenscheiben vermengen.

2. In einer kleinen Pfanne die Kürbiskerne ohne Öl leicht rösten, bis sie anfangen zu duften. Vorsicht, sie können schnell verbrennen! Dann aus der Pfanne nehmen und abkühlen lassen.

3. Für das Dressing Olivenöl, Verjus, Salz und Pfeffer in einer kleinen Schüssel verquirlen. Abschmecken und bei Bedarf nachwürzen.

4. Das Dressing über den Salat gießen und alles gut vermischen, sodass der Salat gleichmäßig mit dem Dressing bedeckt ist.

5. Den Salat mit den gerösteten Kernen bestreuen und mit gehackter Petersilie garnieren.

Karottensalat mit Petersiliendressing

Zubereitungszeit: 15 Minuten
Portionen: 1 Person

Zutaten:

- 2 mittelgroße Karotten, geschält und gerieben
- 1 kleiner Apfel, gewaschen und gerieben
- 50 g Blaubeeren, gewaschen
- 3 EL frische Petersilie, fein gehackt
- 2 EL natives Olivenöl extra
- 1 EL Apfelessig
- 1 TL Honig
- Eine Prise Salz
- Eine Prise schwarzer Pfeffer

Zubereitung:

1. In einer Schüssel die geriebenen Karotten und den geriebenen Apfel mischen.

2. Blaubeeren hinzufügen und alles gut vermengen.

3. Für das Dressing in einer kleinen Schüssel Olivenöl, Apfelessig, Honig, Salz, Pfeffer und die fein gehackte Petersilie zusammenrühren, bis eine homogene Mischung entsteht.

4. Das Dressing über den Salat gießen und alles gut vermischen.

5. Den Salat für etwa 10 Minuten im Kühlschrank ziehen lassen.

6. Vor dem Verzehr nochmals gut durchmischen und in einer Salatschale anrichten.

Blumenkohlsalat mit Kurkuma

Zubereitungszeit: 20 Minuten
Portionen: 1 Person

Zutaten:

- 250 g Blumenkohl, in Röschen zerteilt
- 1 Apfel, gewürfelt
- 1 EL Kürbiskerne
- 1 kleine Möhre, fein geraspelt
- 1 EL Petersilie, fein gehackt
- 1/2 TL Kurkuma
- 1 TL Verjus
- 1 EL natives Olivenöl extra
- Salz und schwarzer Pfeffer zum Abschmecken

Zubereitung:

1. In einem großen Topf Wasser zum Kochen bringen. Die Blumenkohlröschen für etwa 5 Minuten blanchieren, bis sie bissfest sind. Abgießen und kalt abschrecken, damit der Kochprozess gestoppt wird.

2. In der Zwischenzeit den Apfel waschen, entkernen und in kleine Würfel schneiden. Die Möhre waschen, schälen und fein raspeln.

3. In einer kleinen Pfanne ohne Öl die Kürbiskerne kurz anrösten, bis sie leicht gebräunt sind. Achtung, sie verbrennen leicht!

4. Den blanchierten Blumenkohl, Apfelwürfel, geraspelte Möhre und die gerösteten Kerne in eine große Schüssel geben.

5. In einer kleinen Schüssel das Olivenöl, Verjus, Kurkuma, Salz und Pfeffer miteinander verrühren, bis eine homogene Vinaigrette entsteht.

6. Die Vinaigrette über den Salat gießen und alles gut vermengen. Zum Schluss mit der fein gehackten Petersilie bestreuen.

Feldsalat mit Aprikose und Mango

Zubereitungszeit: 15 Minuten
Portionen: 1 Person

Zutaten:

- 60 g Feldsalat, gewaschen und getrocknet
- 1 Aprikose, entkernt und in dünne Scheiben geschnitten
- 1/4 reife Mango, geschält und in kleine Würfel geschnitten
- 2 EL frische Oliven, entkernt und halbiert
- 1 EL Kürbiskerne, geröstet
- 1 EL natives Olivenöl extra
- 1 EL Verjus
- Salz und schwarzer Pfeffer, nach Geschmack
- 1 EL frischer Basilikum, fein gehackt

Zubereitung:

1. In einer großen Schüssel Feldsalat, Aprikosenscheiben und Mangowürfel vorsichtig vermengen.

2. In einer kleinen Schüssel Olivenöl, Verjus, Salz, Pfeffer und Basilikum verrühren, bis eine gleichmäßige Vinaigrette entsteht.

3. Die Vinaigrette über den Salat gießen und alles sanft vermischen, sodass der Salat gleichmäßig mit der Vinaigrette bedeckt ist.

4. Den Salat auf einen Teller geben und mit Oliven und gerösteten Kürbiskernen bestreuen.

Kartoffelsalat mit Petersilie und Karotten

Zubereitungszeit: 30 Minuten
Portionen: 1 Person

Zutaten:

- 150 g Kartoffeln, gewaschen und in Würfel geschnitten
- 80 g Karotten, geschält und in feine Scheiben geschnitten
- 1 kleiner Apfel, gewaschen und in kleine Würfel geschnitten
- 1 EL Oliven, frisch und in Scheiben geschnitten
- 1 EL Petersilie, fein gehackt
- 1 EL Leinsamen
- 2 EL natives Olivenöl extra
- 1 TL Verjus
- Salz, nach Geschmack
- Weißer Pfeffer, nach Geschmack
- 1 TL Zitronenmelisse, fein gehackt

Zubereitung:

1. Bringe in einem mittelgroßen Topf Wasser zum Kochen. Füge eine Prise Salz hinzu und koche die Kartoffelwürfel für etwa 10 Minuten, bis sie weich sind. Gib die Karottenscheiben in den letzten 3 Minuten hinzu. Abgießen und beiseite stellen.

2. In einer kleinen Schüssel Olivenöl, Verjus, gehackte Zitronenmelisse, Salz und Pfeffer vermischen, um ein Dressing zu kreieren.

3. Nimm eine größere Schüssel und vermische die Kartoffelwürfel, Karottenscheiben, Apfelwürfel, geschnittene Oliven und Leinsamen.

4. Gieße das Dressing über den Salat und mische alles gut durch. Lass den Salat kurz ziehen.

5. Zum Schluss den Salat mit der frisch gehackten Petersilie bestreuen.

Fenchelsalat mit Weintrauben und Litschi

Zubereitungszeit: 15 Minuten
Portionen: 1 Person

Zutaten:

- 1 mittelgroßer Fenchel, gewaschen und in dünne Scheiben geschnitten
- 8 frische Weintrauben, gewaschen und halbiert
- 5 Litschis, geschält und entkernt
- 2 EL natives Olivenöl extra
- 1 EL Verjus
- 1 TL Sesamsamen
- Eine Prise Salz
- Eine kleine Prise schwarzer Pfeffer, nach Bedarf
- Einige Blätter frische Petersilie, gewaschen und grob gehackt
- 1 EL Mandeln, großzügig gehackt

Zubereitung:

1. Nimm eine Salatschüssel zur Hand und füge die in Scheiben geschnittenen Fenchelstücke hinzu.

2. Mische die halbierten Weintrauben und die Litschis unter den Fenchel.

3. In einer kleinen Schale Olivenöl, Verjus, Salz und Pfeffer vermengen, um ein Dressing herzustellen.

4. Gieße das Dressing über den Salat und vermische alles gut miteinander, sodass der Salat gleichmäßig mit dem Dressing bedeckt ist.

5. Bestreue den Salat mit Sesamsamen, gehackten Mandeln und der frischen Petersilie. Guten Appetit.

Endiviensalat mit Johannisbeeren und Kürbiskernen

Zubereitungszeit: 15 Minuten
Portionen: 1 Person

Zutaten:

- 100 g Endiviensalat, gewaschen und grob gehackt
- 50 g Johannisbeeren, gewaschen und von den Rispen gelöst
- 20 g Kürbiskerne, geröstet
- 1 kleiner Apfel, gewürfelt
- 1 EL Chia-Samen
- 2 EL natives Olivenöl extra
- 1 EL Verjus
- Salz und schwarzer Pfeffer, nach Geschmack
- 1 TL Honig
- Einige Blättchen frische Petersilie, gehackt

Zubereitung:

1. In einer trockenen Pfanne die Kürbiskerne kurz rösten, bis sie anfangen zu duften. Achte darauf, dass sie nicht verbrennen. Dann vom Herd nehmen und abkühlen lassen.

2. In einer großen Salatschüssel den Endiviensalat mit den Johannisbeeren, den Apfelstücken und den gerösteten Kürbiskernen vermengen.

3. In einer kleinen Schüssel das Olivenöl, Verjus, Honig, Salz und Pfeffer zu einem Dressing vermischen. Gut verrühren, bis es eine homogene Masse ergibt.

4. Das Dressing über den Salat geben und alles gut miteinander vermischen.

5. Den Salat auf einem Teller anrichten, mit Chia-Samen bestreuen und mit der gehackten Petersilie garnieren.

Süßer Fruchtsalat mit Apfel und Kirschen

Zubereitungszeit: 15 Minuten
Portionen: 1 Person

Zutaten:

- 1 Apfel, gewaschen und gewürfelt
- 10 Kirschen, entsteint und halbiert
- 5 Erdmandeln, fein gemahlen
- 4 EL Joghurt
- 1 EL Mandeln, grob gehackt
- 1 TL Honig
- 1 Prise Zimt
- 1 EL Kokoschips
- 1 EL Chia-Samen

Zubereitung:

1. Du nimmst als Erstes den Apfel und würfelst ihn in kleine, mundgerechte Stücke.

2. Danach entsteinst du die Kirschen und halbierst sie.

3. Nimm eine Schüssel und vermische die Apfelstücke und Kirschen. Füge die gemahlenen Erdmandeln hinzu.

4. Nun gibst du den Joghurt in die Schüssel und verrührst alles gut miteinander. Wenn du magst, kannst du den Honig einrühren, um dem Salat eine zusätzliche Süße zu verleihen.

5. Die gehackten Mandeln und die Kokoschips sorgen für ein wenig Crunch in deinem Fruchtsalat. Streue sie darüber.

6. Zum Abschluss streust du die Chia-Samen darüber und gibst eine Prise Zimt dazu. Alles gut miteinander vermengen.

7. Lass den Salat für etwa 10 Minuten ziehen, damit die Chia-Samen aufquellen können.

Kürbissalat mit frischer Petersilie und Mandeln

Zubereitungszeit: 20 Minuten
Portionen: 1 Person

Zutaten:

- 200 g Kürbis, gewürfelt
- 1 EL natives Olivenöl extra
- Eine Prise Salz
- 1 EL Mandeln, grob gehackt
- Eine Handvoll frische Petersilie, gehackt
- 1 Apfel, in dünne Scheiben geschnitten
- 2 EL Joghurt
- 1 TL Dinkelsirup
- Weißer Pfeffer, nach Geschmack

Zubereitung:

1. Erhitze eine Pfanne bei mittlerer Hitze und gib das Olivenöl hinein. Füge die Kürbiswürfel hinzu und brate sie etwa 8-10 Minuten an, bis sie weich sind, aber noch etwas Biss haben. Würze mit einer Prise Salz. Vom Herd nehmen und zur Seite stellen, um abzukühlen.

2. Während der Kürbis abkühlt, röste die gehackten Mandeln in einer trockenen Pfanne leicht an, bis sie leicht goldbraun sind. Beiseite stellen.

3. In einer Salatschüssel Joghurt, Dinkelsirup und weißem Pfeffer mischen, um ein einfaches Dressing herzustellen.

4. Füge den abgekühlten Kürbis, Apfelscheiben, geröstete Mandeln und gehackte Petersilie zum Dressing in der Schüssel hinzu. Mische alles vorsichtig durch, bis alle Zutaten gut miteinander vermischt sind.

Rhabarber-Mango-Salat

Zubereitungszeit: 15 Minuten
Portionen: 1 Person

Zutaten:

- 100 g Rhabarber, gewaschen und in feine Stücke geschnitten
- 100 g Mango, geschält und gewürfelt
- 50 g Feldsalat, gewaschen und trocken geschleudert
- 1 EL natives Olivenöl extra
- 1 EL Verjus
- 1 TL Honig
- 2 EL gehackte Mandeln, leicht geröstet
- Eine Prise Salz
- Eine Prise weißer Pfeffer

Zubereitung:

1. Zunächst bereitest du den Rhabarber vor. Den Rhabarber gut waschen, die Enden entfernen und in feine Stücke schneiden.
2. Mango schälen und das Fruchtfleisch in Würfel schneiden.
3. Für das Dressing das Olivenöl, Verjus und Honig in einer kleinen Schüssel miteinander verquirlen. Mit Salz und weißem Pfeffer abschmecken.
4. Den Feldsalat auf einem Teller ausbreiten und darüber die Rhabarber- und Mangowürfel verteilen.
5. Das Dressing gleichmäßig über den Salat träufeln.
6. Zum Schluss mit den gehackten Mandeln bestreuen. Guten Appetit!

Chinakohl-Apfel-Salat mit Zimt

Zubereitungszeit: 15 Minuten
Portionen: 1 Person

Zutaten:

- 150 g Chinakohl, in feine Streifen geschnitten
- 1 mittelgroßer Apfel, gewaschen und in dünne Scheiben geschnitten
- 1 EL gehackte Mandeln
- 1 TL Zimt
- 2 EL Joghurt
- 1 TL Honig
- 1 EL natives Olivenöl extra
- Salz nach Geschmack
- Schwarzer Pfeffer nach Geschmack
- 1 EL frisch gehackte Petersilie

Zubereitung:

1. In einer großen Schüssel den Chinakohl und die Apfelscheiben vermengen.

2. In einer kleinen Schale Joghurt, Honig, Olivenöl, Zimt, Salz und Pfeffer zu einem Dressing verrühren.

3. Das Dressing über den Chinakohl und die Äpfel geben und gut vermischen, sodass alles gut bedeckt ist.

4. Die gehackten Mandeln darüberstreuen und mit der frisch gehackten Petersilie garnieren.

Artischockensalat mit Mohn und Kürbiskernen

Zubereitungszeit: 20 Minuten
Portionen: 1 Person

Zutaten:

- 1 frische Artischocke, geputzt und in Viertel geschnitten
- 1 kleiner Apfel, gewürfelt
- 50 g Feldsalat, gewaschen und getrocknet
- 1 EL Kürbiskerne, geröstet
- 1 TL Mohn
- 3 EL natives Olivenöl extra
- 1 EL Verjus
- 1 TL Dinkelsirup oder Honig
- Eine Prise Salz
- Eine Prise Schwarzer Pfeffer
- 1 EL gehackte Petersilie

Zubereitung:

1. Zuerst die Artischocken-Viertel in einem Topf mit leicht gesalzenem Wasser für etwa 10-12 Minuten kochen, bis sie weich sind. Anschließend abgießen und beiseite stellen, um sie etwas abkühlen zu lassen.

2. In einer kleinen Schüssel Olivenöl, Verjus, Dinkelsirup oder Honig, Salz und Pfeffer zu einem Dressing vermischen.

3. Den Feldsalat und die gewürfelten Äpfel in eine Salatschüssel geben. Die abgekühlten Artischockenviertel hinzufügen.

4. Das vorbereitete Dressing über den Salat gießen und alles gut vermengen.

5. Den Salat auf einen Teller geben, mit Kürbiskernen, Mohn und gehackter Petersilie bestreuen.

Süßkartoffelsalat

Zubereitungszeit: 30 Minuten
Portionen: 1 Person

Zutaten:

- 1 mittelgroße Süßkartoffel, geschält und in Würfel geschnitten
- 1 kleiner Apfel, gewürfelt
- 2 EL frische Petersilie, fein gehackt
- 1 EL frischer Basilikum, fein gehackt
- 50 g Feldsalat, gewaschen
- 1 EL Kokosnuss, geraspelt
- 2 EL natives Olivenöl extra
- 1 TL Verjus, als Zitronenalternative
- Salz und weißer Pfeffer, nach Geschmack
- 1 EL Kürbiskerne
- 1 EL Sesam

Zubereitung:

1. Wasser in einem Topf zum Kochen bringen. Die Süßkartoffelwürfel darin für etwa 10 Minuten kochen, bis sie weich, aber noch bissfest sind. Danach abgießen und kurz abkühlen lassen.

2. Während die Süßkartoffel kocht, kannst du den Apfel würfeln und mit der Petersilie, dem Basilikum und den Kokosraspeln in einer großen Salatschüssel vermengen.

3. In einer kleinen Schüssel Olivenöl, Verjus, Salz und Pfeffer vermischen und zu einer Vinaigrette rühren.

4. Die abgekühlten Süßkartoffelwürfel zum Apfel und den Kräutern in die Schüssel geben. Die Vinaigrette darüber geben und alles vorsichtig vermengen.

5. Den Salat auf einem Teller anrichten und mit Kürbiskernen und Sesam bestreuen. Fertig.

Lauchsalat mit Zitronenmelisse

Zubereitungszeit: 15 Minuten
Portionen: 1 Person

Zutaten:

- 1 Stange Lauch, gewaschen und in feine Ringe geschnitten
- 10 Blätter Zitronenmelisse, fein gehackt
- 1 Apfel, gewürfelt
- 2 EL Mandeln, grob gehackt
- 1 EL Chia-Samen
- 2 EL Joghurt
- 1 EL natives Olivenöl extra
- 1 EL Verjus
- Salz und weißer Pfeffer, nach Geschmack
- 1 TL Dinkelsirup oder Honig

Zubereitung:

1. Den gewaschenen und in feine Ringe geschnittenen Lauch in eine Salatschüssel geben.

2. Die Mandeln in einer Pfanne ohne Öl leicht anrösten, bis sie duften. Anschließend zur Seite stellen und abkühlen lassen.

3. Den gewürfelten Apfel und die gehackten Mandeln zum Lauch in die Schüssel geben.

4. In einer kleinen Schale Joghurt, Olivenöl, Verjus, fein gehackte Zitronenmelisse, Dinkelsirup oder Honig vermengen. Mit Salz und weißem Pfeffer abschmecken.

5. Das Dressing über den Lauch und Apfel gießen und alles gut vermengen.

6. Vor dem Verzehr die Chia-Samen über den Salat streuen.

Rotkohlsalat mit Preiselbeeren und Weintrauben

Zubereitungszeit: 20 Minuten
Portionen: 1 Person

Zutaten:

- 150 g Rotkohl, fein geschnitten
- 50 g Weintrauben, halbiert
- 2 EL Preiselbeeren, frisch
- 1 kleiner Apfel, gewürfelt
- 3 EL Joghurt
- 1 TL Honig
- 1 EL natives Olivenöl extra
- Salz und weißer Pfeffer (nach Geschmack)
- 1 TL Petersilie, fein gehackt
- 1 EL Mandeln, grob gehackt

Zubereitung:

1. Den fein geschnittenen Rotkohl in eine Schüssel geben.
2. Die halbierten Weintrauben, gewürfelten Äpfel und Preiselbeeren zum Rotkohl hinzufügen.
3. In einer kleinen Schüssel Joghurt, Honig und Olivenöl miteinander verrühren. Mit Salz und weißem Pfeffer abschmecken.
4. Das Dressing über den Salat gießen und alles gut miteinander vermengen.
5. Zum Schluss den Salat mit gehackter Petersilie und Mandeln bestreuen.

Suppen

Kürbissuppe

Zubereitungszeit: 30 Minuten
Portionen: 1 Person

Zutaten:

- 250 g Hokkaido-Kürbis, gewürfelt
- 1 kleine Zwiebel, gewürfelt
- 1 kleine Kartoffel, gewürfelt
- 1 TL Muskat, frisch gerieben
- 2 TL natives Olivenöl extra
- 500 ml Gemüsebrühe, hefefrei und ohne Geschmacksverstärker
- 1 EL Sahne
- Salz und weißer Pfeffer nach Geschmack
- 1 EL Kürbiskerne
- Einige Blätter Petersilie, gehackt
- 1 TL Butter

Zubereitung:

1. In einem mittelgroßen Topf das Olivenöl erhitzen. Zwiebeln darin glasig dünsten.

2. Die gewürfelten Kürbis- und Kartoffelstücke hinzufügen und kurz mit den Zwiebeln anbraten.

3. Die Gemüsebrühe angießen und alles zum Kochen bringen. Bei mittlerer Hitze etwa 20 Minuten köcheln lassen, bis der Kürbis und die Kartoffeln weich sind.

4. Den Topf vom Herd nehmen und den Inhalt mit einem Pürierstab zu einer cremigen Suppe pürieren.

5. Die Sahne unterrühren und mit Salz, weißem Pfeffer und Muskat abschmecken.

6. In einer kleinen Pfanne die Butter schmelzen und die Kürbiskerne darin leicht rösten, bis sie duften.

7. Die Suppe in eine Schale füllen und mit den gerösteten Kürbiskernen und gehackter Petersilie garnieren. Lass es dir schmecken!

Kartoffelsuppe mit Petersilie und Karotten

Zubereitungszeit: 25 Minuten
Portionen: 1 Person

Zutaten:

- 2 mittelgroße Kartoffeln, gewürfelt
- 1 Karotte, in Scheiben geschnitten
- 1 kleine Zwiebel, gewürfelt
- 1 EL Butter
- 500 ml Wasser
- 1 TL Gemüsebrühe, hefefrei und ohne Geschmacksverstärker
- 1 EL Petersilie, fein gehackt
- 1 EL natives Olivenöl extra
- Salz und schwarzer Pfeffer zum Abschmecken

Zubereitung:

1. In einem Topf die Butter erhitzen und die Zwiebel darin glasig dünsten.
2. Kartoffelwürfel und Karottenscheiben hinzufügen und kurz anbraten.
3. Mit Wasser ablöschen und die Gemüsebrühe hinzufügen.
4. Alles zum Kochen bringen und dann auf mittlerer Hitze etwa 20 Minuten köcheln lassen, bis die Kartoffeln und Karotten weich sind.
5. Die Suppe vom Herd nehmen und leicht abkühlen lassen. Dann mit einem Pürierstab oder Mixer die Suppe zu einer glatten Konsistenz pürieren.
6. Petersilie und Olivenöl hinzufügen und gut umrühren.
7. Mit Salz und Pfeffer abschmecken und noch einmal erhitzen, falls nötig.

Pastinakensuppe

Zubereitungszeit: 25 Minuten
Portionen: 1 Person

Zutaten:

- 200 g Pastinake, gewürfelt
- 1 kleine Zwiebel, gewürfelt
- 1 EL natives Olivenöl extra
- 250 ml Hühner- oder Gemüsebrühe, hefefrei und ohne Geschmacksverstärker
- 50 ml Kokosmilch
- 1/2 TL Kurkuma
- Salz und schwarzer Pfeffer nach Geschmack
- 1 EL Petersilie, fein gehackt (zum Garnieren)

Zubereitung:

1. In einem mittelgroßen Topf das Olivenöl erhitzen. Die gewürfelte Zwiebel darin glasig dünsten.

2. Die gewürfelten Pastinaken hinzufügen und für etwa 5 Minuten anbraten, bis sie leicht goldbraun sind.

3. Kurkuma über die Pastinaken streuen und kurz mit anrösten.

4. Mit der Brühe ablöschen und zum Kochen bringen. Die Suppe auf kleiner Flamme ca. 15 Minuten köcheln lassen, bis die Pastinaken weich sind.

5. Die Suppe vom Herd nehmen und mit einem Stabmixer oder im Standmixer pürieren, bis sie eine glatte Konsistenz hat.

6. Die Kokosmilch einrühren und die Suppe erneut erhitzen, aber nicht kochen lassen. Mit Salz und Pfeffer abschmecken.

7. Die Suppe in eine Schüssel füllen und mit der gehackten Petersilie garnieren.

Blumenkohlsuppe mit Mandeln

Zubereitungszeit: 25 Minuten
Portionen: 1 Person

Zutaten:

- 200 g Blumenkohl, in Röschen geteilt
- 30 g Mandeln, grob gehackt
- 1 EL natives Olivenöl extra
- 250 ml Mandelmilch
- 1 kleine Zwiebel, gewürfelt
- 1 kleine Knoblauchzehe, fein gehackt
- 500 ml Gemüsebrühe, hefefrei und ohne Geschmacksverstärker
- Salz nach Geschmack
- Schwarzer Pfeffer nach Geschmack
- 1 TL frischer Thymian, gehackt
- 1 TL Petersilie, gehackt

Zubereitung:

1. In einem großen Topf das Olivenöl erhitzen. Die gewürfelte Zwiebel darin glasig dünsten.

2. Knoblauch hinzufügen und kurz mitdünsten, bis er duftet.

3. Blumenkohlröschen in den Topf geben und für etwa 5 Minuten anbraten, bis sie leicht goldbraun sind.

4. Die Gemüsebrühe und Mandelmilch hinzugießen und alles zum Kochen bringen.

5. Sobald der Blumenkohl weich ist, die Suppe mit einem Stabmixer pürieren, bis sie eine cremige Konsistenz hat.

6. Die Suppe mit Salz, schwarzem Pfeffer und Thymian abschmecken.

7. In einer kleinen Pfanne die gehackten Mandeln ohne Öl anrösten, bis sie goldbraun sind.

8. Die Suppe in eine Schale geben, mit den gerösteten Mandeln und gehackter Petersilie garnieren. Guten Appetit.

Fenchelsuppe

Zubereitungszeit: 30 Minuten
Portionen: 1 Person

Zutaten:

- 1 Fenchelknolle, gewaschen und in dünne Scheiben geschnitten
- 1 kleine Karotte, gewaschen und in Scheiben geschnitten
- 1 TL Ingwer, frisch gerieben
- 500 ml Wasser
- 2 TL natives Olivenöl extra
- 1 TL Gemüsebrühe, hefefrei und ohne Geschmacksverstärker
- Salz, nach Geschmack
- Weißer Pfeffer, nach Geschmack
- 1 EL Mandelmilch, optional
- 1 TL Petersilie, gehackt, zum Garnieren

Zubereitung:

1. Erhitze das Olivenöl in einem Topf. Gib die Fenchelscheiben, Karottenscheiben und den frisch geriebenen Ingwer hinzu. Dünste alles für etwa 5-7 Minuten an, bis die Zutaten weich werden und leicht karamellisieren.

2. Gib das Wasser in den Topf und rühre die Gemüsebrühe unter. Lass die Suppe für 20 Minuten bei mittlerer Hitze köcheln.

3. Nachdem die Zutaten weich gekocht sind, nimm den Topf vom Herd. Falls du eine cremigere Konsistenz wünschst, gib die Mandelmilch hinzu und püriere die Suppe mit einem Stabmixer, bis sie glatt ist.

4. Schmecke die Suppe mit Salz und weißem Pfeffer ab.

5. Serviere die Suppe in einer Schüssel und garniere mit gehackter Petersilie.

Zucchinicremesuppe

Zubereitungszeit: 25 Minuten
Portionen: 1 Person

Zutaten:

- 1 mittelgroße Zucchini, gewaschen und in Scheiben geschnitten
- 1 kleine Kartoffel, geschält und gewürfelt
- 1 TL natives Olivenöl extra
- 1/2 Zwiebel, gewürfelt
- 1 TL Petersilie, gehackt
- 1/2 TL Thymian
- 300 ml Wasser
- 50 ml Hafermilch
- Salz und weißer Pfeffer, nach Geschmack
- 1 EL Mandeln, grob gehackt (zum Garnieren)

Zubereitung:

1. Erhitze das Olivenöl in einem Topf und füge die Zwiebelwürfel hinzu. Dünste die Zwiebeln, bis sie glasig sind.

2. Füge die Zucchinischeiben und Kartoffelwürfel zum Topf hinzu. Lass sie einige Minuten mitdünsten, bis sie leicht angebraten sind.

3. Gib Wasser und Hafermilch in den Topf und lass das Ganze auf mittlerer Hitze für etwa 15 Minuten köcheln, bis die Kartoffeln und Zucchini weich sind.

4. Nachdem alles gut gekocht ist, püriere die Suppe mit einem Stabmixer, bis sie eine glatte Konsistenz hat.

5. Schmecke die Suppe mit Salz, weißem Pfeffer, Petersilie und Thymian ab.

6. Gib die Suppe in eine Schüssel und garniere sie mit den gehackten Mandeln.

Artischockensuppe

Zubereitungszeit: 25 Minuten
Portionen: 1 Person

Zutaten:

- 1 frische Artischocke, geputzt und in Stücke geschnitten
- 1 kleine Kartoffel, geschält und gewürfelt
- 1 kleine Karotte, geschält und gewürfelt
- 1 EL Butter
- 500 ml Wasser
- 1 kleine Zwiebel, gewürfelt
- 1 TL frische Petersilie, gehackt
- Salz und schwarzer Pfeffer, nach Geschmack
- 50 ml frische Sahne
- 1 TL natives Olivenöl extra

Zubereitung:

1. Erhitze die Butter in einem Topf und dünste die Zwiebel darin glasig. Gib die Kartoffel- und Karottenwürfel dazu und dünste sie kurz mit.

2. Füge die Artischockenstücke hinzu und rühre sie gut um, sodass sie von der Butter ummantelt sind.

3. Gieße das Wasser hinzu, sodass die Gemüsestücke bedeckt sind. Lass die Suppe auf mittlerer Hitze etwa 20 Minuten köcheln, bis die Gemüsestücke weich sind.

4. Nimm den Topf vom Herd und püriere die Suppe mit einem Stabmixer, bis sie eine glatte Konsistenz hat.

5. Stelle den Topf wieder auf den Herd und erhitze die Suppe erneut. Gib die Sahne und das Olivenöl hinzu und rühre gut um. Würze mit Salz und Pfeffer.

6. Gib die Suppe in eine Schüssel und garniere sie mit der gehackten Petersilie.

Mangoldsuppe mit Mandeltopping

Zubereitungszeit: 30 Minuten
Portionen: 1 Person

Zutaten:

- 100 g frischer Mangold, gewaschen und grob gehackt
- 1 kleine Zwiebel, gewürfelt
- 1 kleine Karotte, gewürfelt
- 1 kleine Kartoffel, gewürfelt
- 500 ml Gemüsebrühe, hefefrei und ohne Geschmacksverstärker
- 1 EL natives Olivenöl extra
- 1 EL Mandeln, grob gehackt
- 2 EL Mandelmilch
- 1 TL Salz
- Ein wenig frisch gemahlener weißer Pfeffer
- 1 TL frischer Thymian, gehackt

Zubereitung:

1. In einem mittelgroßen Topf das Olivenöl erhitzen. Zwiebel und Karotte darin anbraten, bis sie weich sind.

2. Die Kartoffelwürfel hinzufügen und kurz mitanbraten.

3. Mit der Gemüsebrühe ablöschen und zum Kochen bringen. Den Mangold hinzufügen.

4. Die Suppe bei mittlerer Hitze 20 Minuten köcheln lassen.

5. Während die Suppe kocht, eine kleine Pfanne ohne Öl erhitzen und die gehackten Mandeln darin anrösten, bis sie goldbraun sind. Beiseite stellen.

6. Nach 20 Minuten die Suppe vom Herd nehmen und mit einem Pürierstab fein pürieren. Sollte sie zu dick sein, etwas Mandelmilch hinzufügen, um die gewünschte Konsistenz zu erreichen.

7. Mit Salz, weißem Pfeffer und Thymian abschmecken.

8. Die Suppe in eine Schüssel geben und mit den gerösteten Mandeln bestreuen.

Zwiebelsuppe mit Thymian und Petersilie

Zubereitungszeit: 25 Minuten
Portionen: 1 Person

Zutaten:

- 1 große Zwiebel, gewürfelt
- 1 EL Rapsöl
- 2 Kartoffeln, gewürfelt
- 1 TL frischer Thymian, gehackt
- 1 EL frische Petersilie, gehackt
- 500 ml Gemüsebrühe, hefefrei und ohne Geschmacksverstärker
- 1 Prise Salz
- 1 Prise weißer Pfeffer
- 50 ml Sahne
- 1 EL Butter
- 2 TL Dinkelsirup, optional
- 1 kleines Stück Ingwer (ca. 1 cm), fein gerieben

Zubereitung:

1. In einem mittelgroßen Topf das Rapsöl erhitzen. Die gewürfelte Zwiebel darin glasig anbraten.

2. Kartoffelwürfel und Ingwer hinzufügen und einige Minuten mit anbraten, bis alles schön angebräunt ist.

3. Mit der Gemüsebrühe ablöschen. Thymian, Salz und Pfeffer hinzufügen. Auf mittlerer Hitze 15 Minuten köcheln lassen, bis die Kartoffeln weich sind.

4. Petersilie und Sahne hinzufügen und alles gut verrühren.

5. Die Suppe vom Herd nehmen und Butter unterrühren, bis sie vollständig geschmolzen ist. Falls gewünscht, für eine leichte Süße Dinkelsirup hinzufügen.

6. Mit einem Stabmixer oder in einem Standmixer pürieren, bis die Suppe eine cremige Konsistenz hat. Nochmals abschmecken und ggf. nachwürzen.

7. In eine Schüssel füllen, mit ein paar Thymianblättern und Petersilie garnieren.

Wirsingcremesuppe

Zubereitungszeit: 25 Minuten
Portionen: 1 Person

Zutaten:

- 150 g frischer Wirsing, grob gehackt
- 1 kleine Zwiebel, gewürfelt
- 1 Kartoffel, gewürfelt
- 1 TL Rapsöl
- 400 ml frische Milch
- 1 TL Gemüsebrühe, hefefrei und ohne Geschmacksverstärker
- Salz und weißer Pfeffer nach Geschmack
- Einige Pinienkerne zum Garnieren

Zubereitung:

1. Erhitze das Rapsöl in einem mittelgroßen Topf. Füge die Zwiebelwürfel hinzu und dünste sie, bis sie glasig sind.

2. Gib den gehackten Wirsing und die gewürfelte Kartoffel in den Topf. Lass alles für ca. 5 Minuten anbraten, dabei gelegentlich umrühren.

3. Füge die Milch und die Gemüsebrühe hinzu. Lass die Suppe auf mittlerer Hitze köcheln, bis der Wirsing und die Kartoffeln weich sind. Das sollte etwa 15 Minuten dauern.

4. Nutze einen Stabmixer oder einen Standmixer, um die Suppe zu pürieren, bis sie cremig und glatt ist. Wenn sie dir zu dickflüssig erscheint, kannst du noch etwas Milch hinzufügen.

5. Schmecke die Suppe mit Salz und weißem Pfeffer ab.

6. Serviere die Suppe garniert mit einigen Pinienkernen.

Pak Choi-Gemüsesuppe

Zubereitungszeit: 30 Minuten
Portionen: 1 Person

Zutaten:

- 1 Pak Choi, gewaschen und in Streifen geschnitten
- 1 Karotte, gewaschen und in dünne Scheiben geschnitten
- 1 kleine Zwiebel, gewürfelt
- 1 TL frischer Ingwer, fein gehackt
- 700 ml Gemüsebrühe, hefefrei und ohne Geschmacksverstärker
- 1 EL natives Olivenöl extra
- 1 EL Mandeln, grob gehackt
- Salz und schwarzer Pfeffer zum Würzen
- Einige frische Petersilienblätter, gehackt

Zubereitung:

1. In einem mittelgroßen Topf das Olivenöl erhitzen und die Zwiebel darin glasig anbraten.

2. Den Ingwer hinzufügen und kurz mitbraten, bis er sein Aroma freisetzt.

3. Die Karottenscheiben dazugeben und für etwa 5 Minuten weiterbraten, bis sie leicht weich werden.

4. Die Gemüsebrühe in den Topf geben und zum Kochen bringen.

5. Den Pak Choi hinzufügen und für weitere 10 Minuten köcheln lassen.

6. Während die Suppe kocht, die Mandeln in einer kleinen Pfanne ohne Öl anrösten, bis sie goldbraun sind.

7. Die Suppe mit Salz und Pfeffer abschmecken.

8. Die Suppe in eine Schüssel geben und mit gerösteten Mandeln und frischer Petersilie garnieren.

Knollensellerie-Suppe

Zubereitungszeit: 25 Minuten
Portionen: 1 Person

Zutaten:

- 300 g Knollensellerie, geschält und gewürfelt
- 1 kleine Zwiebel, fein gewürfelt
- 1 EL natives Olivenöl extra
- 1 TL Kurkuma
- 1/2 TL Schwarzer Pfeffer
- 1/4 TL Salz
- 500 ml Wasser
- 100 ml Hafermilch
- 1 TL Butter
- 1 EL gehackte Petersilie

Zubereitung:

1. In einem mittelgroßen Topf das Olivenöl erhitzen. Die Zwiebel darin glasig dünsten, bis sie weich wird.

2. Die gewürfelte Knollensellerie hinzufügen und einige Minuten mit-dünsten, bis die Stücke leicht goldbraun werden.

3. Kurkuma, schwarzen Pfeffer und Salz hinzugeben und gut umrühren, sodass die Selleriewürfel gleichmäßig gewürzt sind.

4. Das Wasser in den Topf gießen und zum Kochen bringen. Bei mittlerer Hitze 15 Minuten köcheln lassen, bis der Knollensellerie weich ist.

5. Den Topf vom Herd nehmen und die Hafermilch hinzufügen. Die Suppe mit einem Stabmixer oder in einem Standmixer pürieren, bis sie glatt und cremig ist.

6. Die Suppe zurück in den Topf geben und bei Bedarf nochmals erhit-zen. Die Butter hineinrühren, bis sie geschmolzen ist.

7. Zum Schluss die Suppe in eine Schale geben und mit gehackter Peter-silie garnieren.

Rotkohl-Suppe mit Mandelstreuseln

Zubereitungszeit: 30 Minuten
Portionen: 1 Person

Zutaten:

- 150 g Rotkohl, gewaschen und in dünne Streifen geschnitten
- 1 kleines Stück Knoblauch, fein gehackt
- 1 kleine Kartoffel, gewürfelt
- 25 g Mandeln, grob gehackt
- 1 EL Butter
- 1 TL natives Olivenöl extra
- 250 ml Wasser oder Gemüsebrühe (hefefrei und ohne Geschmacksverstärker)
- Salz und schwarzer Pfeffer zum Abschmecken
- Ein kleiner Zweig Petersilie, fein gehackt

Zubereitung:

1. In einem kleinen Topf die Butter und das Olivenöl bei mittlerer Hitze schmelzen lassen.

2. Den fein gehackten Knoblauch darin andünsten, bis er duftet, aber nicht braun wird.

3. Die gewürfelte Kartoffel und den Rotkohl hinzufügen und für etwa 5 Minuten weiter dünsten, bis der Rotkohl etwas weicher wird.

4. Das Wasser oder die Gemüsebrühe hinzufügen und zum Kochen bringen. Dann die Hitze reduzieren und 15-20 Minuten köcheln lassen, bis der Rotkohl und die Kartoffeln weich sind.

5. In der Zwischenzeit in einer kleinen Pfanne die grob gehackten Mandeln ohne Fett goldbraun rösten und beiseite stellen.

6. Wenn der Rotkohl und die Kartoffeln weich gekocht sind, die Suppe vom Herd nehmen und vorsichtig mit einem Pürierstab oder einem Mixer pürieren, bis sie eine gleichmäßige Konsistenz hat.

7. Die Suppe erneut erwärmen und mit Salz und Pfeffer abschmecken.

8. Die Rotkohlsuppe in eine Schüssel füllen und mit den gerösteten Mandeln und der gehackten Petersilie bestreuen.

Fenchel-Preiselbeersuppe

Zubereitungszeit: 30 Minuten
Portionen: 1 Person

Zutaten:

- 1 kleiner Fenchel, gewaschen und in dünne Scheiben geschnitten
- 2 EL Preiselbeeren, frisch oder tiefgekühlt
- 1 kleine Kartoffel, geschält und gewürfelt
- 1 kleine Zwiebel, fein gewürfelt
- 1 TL Butter
- 500 ml Gemüsebrühe, hefefrei und ohne Geschmacksverstärker
- 1 TL natives Olivenöl extra
- Salz und schwarzer Pfeffer zum Abschmecken
- 1 EL Mandeln, grob gehackt
- 1 TL frische Petersilie, fein gehackt

Zubereitung:

1. In einem mittelgroßen Topf die Butter und das Olivenöl erhitzen. Die Zwiebel darin glasig dünsten.
2. Fenchelscheiben hinzufügen und für etwa 5 Minuten anbraten, bis sie leicht goldbraun sind.
3. Kartoffelwürfel und Preiselbeeren dazugeben und kurz mit anbraten.
4. Mit der Gemüsebrühe ablöschen und zum Kochen bringen. Auf kleiner Flamme etwa 20 Minuten köcheln lassen, bis die Kartoffeln weich sind.
5. Mit einem Stabmixer oder in einem Standmixer die Suppe pürieren, bis sie eine gleichmäßige und cremige Konsistenz hat.
6. Mit Salz und Pfeffer abschmecken.
7. Die Suppe in eine Schüssel geben und mit gehackten Mandeln und Petersilie garnieren. Guten Appetit!

Hauptgerichte

Zucchini-Pfanne mit Kartoffeln

Zubereitungszeit: 25 Minuten
Portionen: 1 Person

Zutaten:

- 1 mittelgroße Zucchini, ge-würfelt
- 2 mittelgroße Kartoffeln, ge-würfelt
- 2 EL natives Olivenöl extra
- 1 kleine Zwiebel, fein gewür-felt
- 1 TL frische Petersilie, ge-hackt
- Salz und schwarzer Pfeffer
- 1 EL Mandeln, gehackt
- 50 ml Kokosmilch
- 1/2 TL Kurkuma

Zubereitung:

1. Die Kartoffelwürfel in einem Topf mit kochendem Wasser für etwa 10 Minuten vorkochen, bis sie fast gar sind. Anschließend abgießen und zur Seite stellen.

2. In einer Pfanne das Olivenöl erhitzen und die fein gewürfelte Zwiebel darin glasig anbraten.

3. Die Zucchiniwürfel hinzufügen und für 5 Minuten mitbraten, bis sie leicht gebräunt sind.

4. Die vorgekochten Kartoffelwürfel zur Pfanne hinzugeben. Alles gut vermischen und für weitere 5 Minuten braten.

5. Kokosmilch, gehackte Mandeln und Kurkuma hinzufügen. Gut vermischen und noch 2-3 Minuten köcheln lassen, bis alles gut durchgewärmt ist.

6. Mit Salz und schwarzem Pfeffer abschmecken und mit der frisch gehackten Petersilie bestreuen.

Kartoffelauflauf

Zubereitungszeit: 35 Minuten
Portionen: 1 Person

Zutaten:

- 200 g Kartoffeln, gewaschen und in dünne Scheiben geschnitten
- 1 mittelgroße Karotte, gewaschen und in dünne Scheiben geschnitten
- 1 EL natives Olivenöl extra
- 1 TL frische Petersilie, gehackt
- 100 ml Sahne
- 1 Bio-Ei
- 30 g Gouda (jung), gerieben
- Salz und weißer Pfeffer nach Geschmack

Zubereitung:

1. Du beginnst damit, den Ofen auf 200 Grad vorzuheizen.

2. Währenddessen die Kartoffel- und Karottenscheiben in einer Schüssel mit Olivenöl vermischen. Mit Salz und weißem Pfeffer würzen.

3. In einer separaten Schüssel Sahne, Ei, gehackte Petersilie und die Hälfte des geriebenen Goudas verquirlen. Die Mischung mit Salz und weißem Pfeffer abschmecken.

4. Die Kartoffel- und Karottenscheiben in eine kleine Auflaufform schichten und gleichmäßig verteilen.

5. Die Sahne-Ei-Mischung darüber gießen, so dass die Kartoffel- und Karottenscheiben gut bedeckt sind.

6. Mit dem restlichen Gouda bestreuen.

7. Den Auflauf im vorgeheizten Ofen für ca. 25-30 Minuten backen, bis er goldbraun und die Kartoffeln weich sind.

8. Den Auflauf aus dem Ofen nehmen und kurz abkühlen lassen. Danach mit etwas frischer Petersilie bestreuen.

Pastinakenpuffer mit Apfelchutney

Zubereitungszeit: 30 Minuten
Portionen: 1 Person

Zutaten:

- 2 mittelgroße Pastinaken, geschält und grob gerieben
- 1 Apfel, geschält, entkernt und fein gewürfelt
- 2 EL Haferflocken
- 1 Bio-Ei
- 2 EL Mandelmilch
- 1 TL frisch gehackter Petersilie
- Salz und schwarzer Pfeffer
- 1 EL natives Olivenöl extra zum Braten
- 1 EL Honig
- 1/2 TL Kurkuma
- 1 EL Essigessenz

Zubereitung:

1. Nimm eine mittelgroße Schüssel und vermische die geriebenen Pastinaken mit Haferflocken, Ei, Mandelmilch, Petersilie, Salz und Pfeffer. Mische die Zutaten gut durch, bis eine gleichmäßige Masse entsteht.

2. Erhitze das Olivenöl in einer großen Pfanne bei mittlerer Hitze. Mit Hilfe eines Löffels setzt du Portionen der Pastinakenmasse in die Pfanne und drückst sie leicht flach, um Puffer zu formen. Brate die Puffer von beiden Seiten goldbraun an. Das dauert ungefähr 3-4 Minuten pro Seite.

3. Während die Pastinakenpuffer braten, beginne mit der Zubereitung des Apfelchutneys. In einem kleinen Topf vermischt du die gewürfelten Äpfel, Honig, Kurkuma und Essigessenz. Lass das Ganze bei niedriger Hitze köcheln, bis die Äpfel weich sind und die Flüssigkeit etwas reduziert ist. Dies dauert ungefähr 10-15 Minuten.

4. Nachdem das Chutney eingedickt ist, nimm es vom Herd und lass es kurz abkühlen.

5. Serviere die Pastinakenpuffer mit einem Klecks Apfelchutney.

Blumenkohl-Pfanne mit Mandeln

Zubereitungszeit: 25 Minuten
Portionen: 1 Person

Zutaten:

- 150 g Blumenkohl, in kleine Röschen geteilt
- 150 g Brokkoli, in kleine Röschen geteilt
- 20 g Mandeln, grob gehackt
- 1 kleiner Apfel, gewürfelt
- 1 EL Butter
- 1 EL natives Olivenöl extra
- 1 TL frischer Ingwer, fein gerieben
- 1 EL Petersilie, fein gehackt
- Salz und schwarzer Pfeffer, zum Abschmecken

Zubereitung:

1. Erhitze Butter und Olivenöl in einer großen Pfanne bei mittlerer Hitze.

2. Füge den Blumenkohl und Brokkoli hinzu und brate sie 5-7 Minuten lang an, bis sie leicht goldbraun und leicht knusprig sind.

3. Während die Gemüse in der Pfanne sind, gebe die gehackten Mandeln hinzu und röste sie, bis sie golden sind.

4. Füge nun die Apfelwürfel hinzu und brate sie weitere 3-4 Minuten mit.

5. Mische den frischen Ingwer unter und lass alles gut durchziehen.

6. Schmecke mit Salz und Pfeffer ab und gib die Petersilie darüber.

7. Zum Schluss alles gut durchmischen.

Kartoffelpfanne

Zubereitungszeit: 25 Minuten
Portionen: 1 Person

Zutaten:

- 2 mittelgroße Kartoffeln, gewaschen und in kleine Würfel geschnitten
- 1 kleiner Lauch, gewaschen und in Ringe geschnitten
- 2 EL Kürbiskerne
- 1 EL Rapsöl
- 2 TL Butter
- 1 kleine Zwiebel, gewürfelt
- 1 TL Kurkuma
- 1 Prise Muskat
- Salz und schwarzer Pfeffer, zum Abschmecken
- 1 EL Frischkäse
- 1 TL Petersilie, gehackt

Zubereitung:

1. Erhitze das Rapsöl in einer Pfanne bei mittlerer Hitze. Gib die Zwiebelwürfel hinzu und dünste sie, bis sie glasig sind.

2. Füge die Kartoffelwürfel hinzu und brate sie goldbraun. Dies kann etwa 10-12 Minuten dauern. Bewege sie regelmäßig, um ein gleichmäßiges Anbraten zu gewährleisten.

3. Wenn die Kartoffeln fast gar sind, gib den Lauch hinzu und brate alles zusammen, bis der Lauch weich und die Kartoffeln vollständig durchgegart sind.

4. In der Zwischenzeit röste die Kürbiskerne in einer kleinen separaten Pfanne ohne Öl, bis sie anfangen zu knistern und leicht goldbraun sind. Vorsicht, sie können leicht verbrennen!

5. Gib Kurkuma, Muskat, Salz und Pfeffer zur Kartoffel-Lauch-Mischung und rühre gut um.

6. Zum Schluss die Butter und den Frischkäse unterrühren, bis alles schön cremig wird. Bei Bedarf kannst du hier auch einen Schluck Hafermilch oder Reismilch hinzufügen, um die Konsistenz anzupassen.

7. Bestreue deine Kartoffelpfanne zum Schluss mit den gerösteten Kürbiskernen und der gehackten Petersilie.

Gebackene Süßkartoffel mit Kokosnussmus

Zubereitungszeit: 40 Minuten
Portionen: 1 Person

Zutaten:

- 1 mittelgroße Süßkartoffel, gewaschen
- 1 EL Kokosnussmus
- 1 TL Honig
- 2 EL Kokosmilch
- 1 EL Mandeln, gehackt
- Eine Prise Vanille
- Eine Prise Salz
- Einige frische Blaubeeren
- 1 TL Butter
- 1 TL natives Olivenöl extra

Zubereitung:

1. Heize deinen Ofen auf 200 Grad vor.

2. Steche die Süßkartoffel mehrmals mit einer Gabel ein. Lege sie auf ein Backblech und beträufle sie mit dem Olivenöl. Backe die Süßkartoffel etwa 30 Minuten lang, bis sie weich und gut durchgegart ist.

3. Während die Süßkartoffel im Ofen ist, bereite das Kokosnussmus-Topping vor. In einer kleinen Schüssel vermische das Kokosnussmus, Kokosmilch, Honig, Vanille und Salz. Mische alles gut durch, bis eine glatte Creme entsteht.

4. In einer kleinen Pfanne die Butter schmelzen und die gehackten Mandeln darin goldbraun rösten. Achte darauf, sie nicht zu verbrennen.

5. Sobald die Süßkartoffel fertig ist, schneide sie in der Mitte auf, aber nicht komplett durch. Drücke beide Enden leicht zusammen, sodass die Mitte sich ein wenig öffnet.

6. Fülle die geöffnete Süßkartoffel mit der Kokosnussmus-Creme. Bestreue sie mit den gerösteten Mandeln und den frischen Blaubeeren.

Mungobohnensprossen-Pfanne mit Artischocken

Zubereitungszeit: 20 Minuten
Portionen: 1 Person

Zutaten:

- 150 g Mungobohnensprossen, gewaschen
- 1 mittelgroße Artischocke, in feine Scheiben geschnitten und Stiel entfernt
- 1 Apfel, gewürfelt
- 1 Karotte, gewaschen und in dünne Streifen geschnitten
- 1 kleine Zwiebel, fein gehackt
- 1 EL Rapsöl
- 1 TL frischer Ingwer, gerieben
- 1 EL Petersilie, gehackt
- Salz und schwarzer Pfeffer, nach Geschmack
- 50 ml Kokosmilch
- 1 TL Sesamsamen

Zubereitung:

1. In einer großen Pfanne das Rapsöl auf mittlerer Flamme erhitzen. Zwiebeln hinzufügen und für etwa 2 Minuten glasig dünsten.

2. Den geriebenen Ingwer, Artischockenscheiben und Karottenstreifen in die Pfanne geben. Alles gut umrühren und für 5 Minuten anbraten, bis die Artischocken weich werden.

3. Mungobohnensprossen und Apfelwürfel hinzufügen. Weiterhin für 3-4 Minuten köcheln lassen, dabei regelmäßig umrühren.

4. Kokosmilch in die Pfanne gießen und alles gut vermengen. Die Hitze reduzieren und die Mischung für weitere 2 Minuten köcheln lassen.

5. Mit Salz und schwarzem Pfeffer abschmecken.

6. Die Pfanne vom Herd nehmen und die gehackte Petersilie unterrühren.

7. Das Gericht auf einem Teller anrichten und mit Sesamsamen bestreuen.

Gebackene Kürbisscheiben

Zubereitungszeit: 25 Minuten
Portionen: 1 Person

Zutaten:

- 1/4 kleiner Hokkaido-Kürbis, in etwa 1 cm dicke Scheiben geschnitten
- 2 EL natives Olivenöl extra
- Eine Prise Muskat
- Eine Prise Salz
- Eine Prise Schwarzer Pfeffer
- 50 ml Kokosmilch
- 1 EL frische Petersilie, fein gehackt
- 30 g Feta, zerkrümelt (alternativ Ziegenkäse)
- Einige Kürbiskerne

Zubereitung:

1. Heize deinen Ofen auf 200 Grad vor.

2. Lege die Kürbisscheiben auf ein mit Backpapier ausgelegtes Backblech. Träufle das Olivenöl über die Scheiben und bestreue sie mit Muskat, Salz und Pfeffer. Verteile das Olivenöl und die Gewürze sanft auf den Kürbisscheiben, damit sie gut bedeckt sind.

3. Gib die Kürbisscheiben in den vorgeheizten Ofen und backe sie 15-20 Minuten lang, bis sie weich und leicht goldbraun sind.

4. Während die Kürbisscheiben backen, vermische in einer kleinen Schüssel die Kokosmilch und die gehackte Petersilie, um eine cremige Sauce zu erhalten.

5. Sobald die Kürbisscheiben fertig sind, nimm sie aus dem Ofen und lege sie auf einen Teller. Beträufle sie mit der Kokosmilch-Petersilien-Sauce und bestreue sie mit zerkrümeltem Feta und einigen Kürbiskernen.

Zucchini-Pasta mit Pesto

Zubereitungszeit: 25 Minuten
Portionen: 1 Person

Zutaten:

- 1 mittelgroße Zucchini, in Spaghetti-Form geschnitten
- 3 EL Mandeln, grob gehackt
- 1 Handvoll frischer Basilikum, gewaschen und grob gehackt
- 2 EL natives Olivenöl extra
- 1 EL Butterkäse, gerieben
- 1 TL Zitronenmelisse, fein gehackt
- Salz und weißer Pfeffer, nach Geschmack
- 1 TL Rapsöl zum Anbraten

Zubereitung:

1. Du beginnst damit, die Mandeln in einer Pfanne ohne Öl leicht anzurösten, bis sie eine goldbraune Farbe haben. Dann nimmst du sie aus der Pfanne und lässt sie abkühlen.

2. Gib nun die gerösteten Mandeln, den Basilikum, das Olivenöl, den Butterkäse, die Zitronenmelisse, Salz und Pfeffer in einen Mixer oder Mörser. Alles gut durchmixen oder zerstoßen, bis eine gleichmäßige Pesto-Konsistenz entsteht. Das Pesto dann beiseite stellen.

3. In derselben Pfanne, in der die Mandeln geröstet wurden, erhitzt du das Rapsöl und fügst die Zucchini-Spaghetti hinzu. Brate sie 2-3 Minuten an, bis sie leicht gebräunt sind und noch Biss haben.

4. Jetzt mischst du das Mandel-Basilikum-Pesto unter die Zucchini-Pasta und lässt alles nochmals kurz erhitzen.

5. Richte die Zucchini-Pasta in einem tiefen Teller an.

Mandel-Brokkoli-Pfanne

Zubereitungszeit: 20 Minuten
Portionen: 1 Person

Zutaten:

- 100 g Brokkoli, in kleine Röschen geschnitten
- 2 EL Mandeln, grob gehackt
- 2 EL frische Petersilie, fein gehackt
- 1 kleine Kartoffel, gewürfelt
- 1 EL natives Olivenöl extra
- 1 TL Butter
- 1 kleine Knoblauchzehe, fein gehackt
- 1 TL Zitronenmelisse, fein gehackt
- Salz und weißer Pfeffer, nach Geschmack
- 1 TL Honig
- 50 ml Sahne
- 1 TL Kurkuma, gemahlen

Zubereitung:

1. Die Kartoffelwürfel in einem kleinen Topf mit Salzwasser etwa 10 Minuten kochen, bis sie gar sind. Abgießen und beiseite stellen.

2. Währenddessen den Brokkoli in einem Dampfgarer oder einem Sieb über kochendem Wasser etwa 5 Minuten dämpfen, bis er bissfest ist.

3. Das Olivenöl und die Butter in einer Pfanne bei mittlerer Hitze erhitzen. Die Mandeln darin anrösten, bis sie goldbraun sind. Den Knoblauch hinzufügen und 1 Minute mitrösten.

4. Die Kartoffelwürfel und den Brokkoli zur Pfanne geben. Mit Salz, Pfeffer und Kurkuma würzen.

5. Die Sahne, den Honig und die Zitronenmelisse hinzufügen. Alles gut vermischen und bei niedriger Hitze etwa 3 Minuten köcheln lassen, bis die Sauce etwas eingedickt ist.

6. Zum Schluss die Petersilie unterheben.

Gebackener Fenchel mit Zitronenmelisse

Zubereitungszeit: 30 Minuten
Portionen: 1 Person

Zutaten:

- 1 mittelgroßer Fenchel, geputzt und in Spalten geschnitten
- 2 EL natives Olivenöl extra
- Salz nach Geschmack
- Schwarzer Pfeffer nach Geschmack
- 3 TL frische Zitronenmelisse, fein gehackt
- 50 g Mozzarella, in Scheiben geschnitten
- 1 Apfel, entkernt und in dünne Scheiben geschnitten
- 30 g Mandeln, grob gehackt
- 2 EL Joghurt (optional)
- 1 EL Rapsöl

Zubereitung:

1. Heize den Ofen auf 180 Grad vor.

2. In einer großen Schüssel vermische den geschnittenen Fenchel mit dem Olivenöl, Salz und Pfeffer. Sorge dafür, dass der Fenchel gut mit dem Öl bedeckt ist.

3. Verteile die Fenchelspalten gleichmäßig auf einem Backblech.

4. Backe den Fenchel im vorgeheizten Ofen für etwa 15 Minuten, bis er an den Rändern leicht goldbraun wird.

5. In der Zwischenzeit den Apfel mit der Zitronenmelisse und dem Rapsöl vermengen.

6. Nimm den Fenchel aus dem Ofen und lege die Apfelscheiben und Mandeln darüber.

7. Setze die Mozzarellascheiben auf die Apfel-Fenchel-Mischung und gib das Ganze für weitere 10 Minuten in den Ofen, bis der Käse geschmolzen und leicht goldbraun ist.

8. Nimm das Blech aus dem Ofen und lasse das Gericht kurz abkühlen. Garniere es mit dem Joghurt und den restlichen Zitronenmelisseblättern. Guten Appetit.

Zuckerschoten-Gemüsepfanne

Zubereitungszeit: 20 Minuten
Portionen: 1 Person

Zutaten:

- 100 g Zuckerschoten, geputzt und halbiert
- 1 kleiner Zucchini, gewürfelt
- 1 kleiner Brokkoli, in Röschen geteilt
- 1 Karotte, in dünne Scheiben geschnitten
- 2 EL natives Olivenöl extra
- 1 kleine Zwiebel, gewürfelt
- 1 kleine Knoblauchzehe, fein gehackt
- 2 EL Mandeln, grob gehackt
- 1 TL frischer Ingwer, fein gerieben
- 1 TL Kurkuma
- 1 EL Petersilie, fein gehackt
- Salz und schwarzer Pfeffer nach Geschmack
- 1 EL Verjus

Zubereitung:

1. In einer großen Pfanne das Olivenöl erhitzen. Zwiebeln und Knoblauch darin glasig dünsten.

2. Karottenstücke hinzufügen und für etwa 3 Minuten anbraten, bis sie beginnen, weich zu werden.

3. Brokkoli, Zuckerschoten und Zucchini hinzufügen. Alles für weitere 5-7 Minuten unter gelegentlichem Rühren braten, bis das Gemüse knusprig-zart ist.

4. Ingwer, Kurkuma, gehackte Mandeln, Salz und Pfeffer hinzufügen. Gut umrühren und für weitere 2 Minuten kochen lassen.

5. Die Pfanne vom Herd nehmen, Petersilie und Verjus unterheben und alles gut vermischen.

6. In einen tiefen Teller geben und servieren.

Süßkartoffel-Pastinaken-Pfanne

Zubereitungszeit: 25 Minuten
Portionen: 1 Person

Zutaten:

- 1 kleine Süßkartoffel, gewürfelt
- 1 Pastinake, in Scheiben
- 1 EL Rapsöl
- 1 kleine Zwiebel, gewürfelt
- 1 Apfel, entkernt und gewürfelt
- 2 EL Kokosmilch
- 1 TL frisch gehackte Petersilie
- Salz und Schwarzer Pfeffer nach Geschmack
- 1 TL Sesam, leicht geröstet
- 1 TL Leinsamenöl zum Beträufeln

Zubereitung:

1. Erhitze das Rapsöl in einer Pfanne auf mittlerer Flamme. Füge die Zwiebelwürfel hinzu und dünste sie, bis sie glasig sind.

2. Gib die Süßkartoffel- und Pastinakenstücke in die Pfanne und brate sie an, bis sie beginnen, goldbraun zu werden.

3. Füge den gewürfelten Apfel hinzu und lasse alles weitere 5 Minuten unter gelegentlichem Rühren köcheln.

4. Nun gieße die Kokosmilch hinzu, reduziere die Hitze und lass alles zugedeckt für etwa 10 Minuten köcheln, bis die Süßkartoffel und die Pastinake weich sind.

5. Würze die Pfanne mit Salz, schwarzem Pfeffer und Petersilie. Gut umrühren.

6. Gib die Mischung in eine Schüssel, bestreue sie mit dem gerösteten Sesam und beträufle sie mit einem Spritzer Leinsamenöl.

Gemüsecurry

Zubereitungszeit: 25 Minuten
Portionen: 1 Person

Zutaten:

- 100 g Rhabarber, geputzt und in 2 cm lange Stücke geschnitten
- 150 g Kürbis, geschält und gewürfelt
- 50 g Kartoffeln, geschält und gewürfelt
- 1 EL Rapsöl
- 200 ml Kokosmilch
- 1 kleine Zwiebel, gewürfelt
- 1 kleine Knoblauchzehe, fein gehackt
- 1/2 TL Kurkuma
- 1/2 TL gemahlener Koriander
- Salz und schwarzer Pfeffer zum Abschmecken
- 1 EL frische Petersilie, gehackt

Zubereitung:

1. Erhitze das Rapsöl in einer Pfanne über mittlerer Hitze. Füge die Zwiebeln und den Knoblauch hinzu und brate sie an, bis sie weich und goldbraun sind.

2. Füge die Kartoffel- und Kürbiswürfel hinzu und brate sie ein paar Minuten an, bis sie leicht gebräunt sind.

3. Gib den Rhabarber, Kurkuma und gemahlenen Koriander in die Pfanne und mische alles gut durch.

4. Gieße die Kokosmilch dazu und lass das Ganze köcheln, bis das Gemüse weich ist und das Curry eine sämige Konsistenz hat. Dies sollte etwa 10-15 Minuten dauern.

5. Schmecke mit Salz und schwarzem Pfeffer ab.

6. Verteile das Curry in einer Schale und garniere es mit der frisch gehackten Petersilie.

Porree-Lasagne mit Kürbiskernsoße

Zubereitungszeit: 30 Minuten
Portionen: 1 Person

Zutaten:

- 150 g Lasagneplatten (Dinkel oder Reis)
- 150 g Porree, gewaschen und in Ringe geschnitten
- 30 g Kürbiskerne
- 100 g Frischkäse
- 150 ml Hafermilch
- 50 g Mozzarella, gerieben
- 1 EL natives Olivenöl extra
- 1 EL Rapsöl
- 1 kleine Zwiebel, fein gewürfelt
- 1 kleine Knoblauchzehe, fein gehackt
- 1/2 TL Salz
- 1/4 TL schwarzer Pfeffer
- 1/4 TL Muskat
- 2 EL Petersilie, gehackt

Zubereitung:

1. In einer Pfanne das Olivenöl erhitzen und die Zwiebel darin glasig dünsten. Den Knoblauch hinzufügen und kurz mitdünsten.

2. Porree-Ringe hinzufügen und unter gelegentlichem Rühren etwa 5-7 Minuten dünsten, bis sie weich sind. Mit Salz, Pfeffer und Muskat würzen.

3. In einem kleinen Topf das Rapsöl erhitzen. Kürbiskerne hinzufügen und unter ständigem Rühren anrösten, bis sie leicht gebräunt sind.

4. Hafermilch und Frischkäse zu den Kürbiskernen geben. Die Mischung unter ständigem Rühren kochen, bis eine glatte Sauce entsteht. Mit Salz und Pfeffer abschmecken.

5. Eine kleine Auflaufform mit etwas Kürbiskernsoße auslegen. Eine Schicht Lasagneplatten darauf legen, dann eine Schicht Porree, gefolgt von einem Schuss Kürbiskernsoße. Den Vorgang wiederholen, bis alle Zutaten aufgebraucht sind, wobei die oberste Schicht Soße sein sollte.

6. Mit geriebenem Mozzarella bestreuen und in einem vorgeheizten Ofen bei 180 Grad ca. 20 Minuten backen oder bis die Lasagne goldbraun ist.

7. Zum Schluss mit gehackter Petersilie bestreuen.

Glutenfreie Rezepte

Reisnudeln mit Karotten-Fenchel-Sauce

Zubereitungszeit: 25 Minuten
Portionen: 1 Portion (ca. 500 ml Sauce)

Zutaten:

- 100 g Reisnudeln
- 2 mittelgroße Karotten, geschält und in Würfel geschnitten
- 1 kleiner Fenchel, gewaschen, Strunk entfernt und in Würfel geschnitten
- 1 EL natives Olivenöl extra
- 250 ml Kokosmilch
- 1 kleine Zwiebel, gewürfelt
- 1 TL Ingwer, fein gehackt
- 1/2 TL Kurkuma
- Salz und schwarzer Pfeffer nach Geschmack
- 1 TL Petersilie, gehackt
- 1 TL Zitronenmelisse, gehackt
- 1 EL Mandeln, gehackt

Zubereitung:

1. In einem Topf Wasser zum Kochen bringen und die Reisnudeln nach Packungsanleitung kochen. Anschließend abgießen und beiseite stellen.

2. Währenddessen das Olivenöl in einer Pfanne erhitzen. Die Zwiebelwürfel darin glasig dünsten.

3. Karotten und Fenchel hinzufügen und für etwa 5 Minuten unter Rühren anbraten, bis sie leicht weich sind.

4. Ingwer und Kurkuma hinzugeben und kurz mit den Gemüsewürfeln anbraten.

5. Die Kokosmilch in die Pfanne gießen und alles zum Kochen bringen. Bei mittlerer Hitze für 10-12 Minuten köcheln lassen, bis das Gemüse weich ist.

6. Mit Salz und schwarzem Pfeffer abschmecken.

7. Die gekochten Reisnudeln unter die Sauce mischen und alles gut vermengen.

8. Das Gericht in eine Schale geben und mit gehackter Petersilie, Zitronenmelisse und Mandeln garnieren.

Pfannkuchen mit Apfel und Kirschen

Zubereitungszeit: 25 Minuten
Portionen: 1 Person

Zutaten:

- 60 g Dinkelmehl
- 1 Bio-Ei
- 120 ml Milch, frisch und pasteurisiert
- 1 EL geschmolzene Butter
- Eine Prise Salz
- 1/2 TL echte Vanille
- 1 kleiner Apfel, geschält und in dünne Scheiben geschnitten
- 10 Kirschen, entkernt
- 1 EL Honig
- 1 EL Rapsöl zum Braten
- Ein Spritzer Verjus zum Abschmecken
- Puderzucker zum Bestäuben, optional

Zubereitung:

1. In einer mittelgroßen Schüssel Dinkelmehl, Ei, Milch, geschmolzene Butter, Salz und Vanille vermengen, bis ein glatter Teig entsteht. Lass den Teig kurz ruhen.

2. Während der Teig ruht, den Apfel in dünne Scheiben schneiden und die Kirschen entkernen.

3. In einer Pfanne 1 EL Rapsöl erhitzen. Die Apfelscheiben hinzufügen und etwa 3-4 Minuten leicht anbraten, bis sie leicht goldbraun und weich sind. Kirschen hinzufügen und nochmals 1-2 Minuten braten. Mit einem Spritzer Verjus abschmecken und die Fruchtmischung aus der Pfanne nehmen.

4. Die Pfanne säubern und erneut erhitzen. Eine kleine Menge des Teigs in die Pfanne gießen und den Pfannkuchen von beiden Seiten goldbraun backen. Diesen Vorgang wiederholen, bis der gesamte Teig verbraucht ist.

5. Die fertigen Pfannkuchen mit der Apfel-Kirsch-Mischung belegen. Mit Honig beträufeln und optional mit Puderzucker bestäuben.

Kartoffelpfanne mit Blumenkohl

Zubereitungszeit: 30 Minuten
Portionen: 1 Person

Zutaten:

- 2 kleine Kartoffeln, gewürfelt
- 1/4 Blumenkohl, in Röschen zerteilt
- 2 EL Mandeln, grob gehackt
- 1 EL natives Olivenöl extra
- 1 EL Butter
- 1 kleine Zwiebel, gewürfelt
- 1 EL Petersilie, fein gehackt
- Salz und schwarzer Pfeffer nach Geschmack
- 1 TL frischer Thymian, gehackt
- 1 TL Chia-Samen, optional
- 100 ml Mandelmilch

Zubereitung:

1. In einer Pfanne das Olivenöl erhitzen. Die gewürfelten Kartoffeln hinzufügen und goldbraun anbraten.

2. Die Zwiebelwürfel hinzufügen und weiterbraten, bis sie glasig sind.

3. Nun den Blumenkohl und die Mandeln dazugeben. Alles gut vermengen und 5-7 Minuten unter regelmäßigem Rühren braten, bis der Blumenkohl leicht gebräunt und die Mandeln geröstet sind.

4. Butter, frischen Thymian und Chia-Samen (falls verwendet) hinzufügen und alles gut vermischen.

5. Mit Mandelmilch ablöschen, den Herd auf niedrige Stufe stellen und die Pfanne mit einem Deckel abdecken. Für etwa 10 Minuten köcheln lassen, bis der Blumenkohl weich ist und die Kartoffeln gar sind.

6. Mit Salz und schwarzem Pfeffer abschmecken und zum Schluss die gehackte Petersilie darüber streuen.

Süßkartoffelpuffer mit Mandelmus

Zubereitungszeit: 25 Minuten
Portionen: 1 Person

Zutaten:

- 1 große Süßkartoffel (ca. 200 g), geschält und grob gerieben
- 2 EL Mandelmus
- 1 Bio-Ei
- 2 EL Mandelmilch
- 30 g Dinkelmehl
- 1 EL Chia-Samen
- 1 TL Salz
- 1/4 TL Schwarzer Pfeffer
- 1 TL gehackte Petersilie
- 2 EL natives Olivenöl extra zum Braten

Zubereitung:

1. Die geriebene Süßkartoffel in eine Schüssel geben. Wenn zu viel Flüssigkeit vorhanden ist, drücke sie leicht aus, um überschüssiges Wasser zu entfernen.

2. In einer separaten Schüssel das Mandelmus, das Ei und die Mandelmilch miteinander verquirlen, bis alles gut vermischt ist.

3. Die Mandelmus-Mischung zur Süßkartoffel hinzufügen und gut vermengen. Anschließend Dinkelmehl, Chia-Samen, Salz, Pfeffer und Petersilie hinzufügen und alles zu einem homogenen Teig verarbeiten.

4. Eine Pfanne mit Olivenöl auf mittlerer Hitze erhitzen. Wenn das Öl heiß ist, gib mit einem Löffel Portionen des Teigs in die Pfanne, um kleine Puffer zu formen.

5. Die Puffer von beiden Seiten goldbraun braten, das dauert etwa 3-4 Minuten pro Seite.

6. Die fertigen Puffer auf einen Teller legen und servieren.

Gemüsepfanne

Zubereitungszeit: 25 Minuten
Portionen: 1 Person

Zutaten:

- 60 g Quinoa, gut gewaschen
- 100 g Zucchini, gewürfelt
- 100 g Karotten, gewürfelt
- 50 g Paprika, gewürfelt
- 1 kleine Zwiebel, fein gehackt
- 1 EL natives Olivenöl extra
- 2 EL Petersilie, frisch gehackt
- 1 TL Chia-Samen
- 1 TL Kurkuma, gemahlen
- 100 ml Hafermilch
- 50 g Feta oder Ziegenkäse, gewürfelt, optional
- Salz und schwarzer Pfeffer nach Geschmack

Zubereitung:

1. In einem Topf die Hafermilch zum Kochen bringen und den Quinoa darin für ca. 15 Minuten köcheln lassen, bis er weich ist. Hin und wieder umrühren. Bei Bedarf noch etwas Hafermilch nachgießen.

2. In der Zwischenzeit das Olivenöl in einer Pfanne erhitzen und die Zwiebel darin glasig dünsten.

3. Karotten, Zucchini und Paprika hinzufügen und für ca. 7-8 Minuten dünsten, bis das Gemüse bissfest ist.

4. Den gekochten Quinoa und Kurkuma in die Pfanne geben und gut vermischen.

5. Das Ganze mit Salz und Pfeffer abschmecken, die Petersilie und Chia-Samen unterheben.

6. Optional den Feta oder Ziegenkäse über die Pfanne bröseln.

7. Nochmals kurz durchmischen und vom Herd nehmen. Fertig.

Müsli mit Erdmandel und Heidelbeeren

Zubereitungszeit: 10 Minuten
Portionen: 1 Person

Zutaten:

- 50 g Erdmandeln, grob gemahlen
- 100 g frische Heidelbeeren, gewaschen
- 1 EL Chia-Samen
- 1 EL Leinsamen, geschrotet
- 1 EL Mandeln, gehackt
- 1 kleiner Apfel, gewaschen und grob geraspelt
- 150 ml Mandelmilch
- 1 TL Honig
- 1 Prise Zimt

Zubereitung:

1. Nimm eine Schüssel und mische darin die gemahlenen Erdmandeln, Chia-Samen, Leinsamen und die gehackten Mandeln miteinander.

2. Füge die geraspelten Äpfel und die frischen Heidelbeeren hinzu. Mische alles gut durch.

3. Erwärme die Mandelmilch leicht in einem kleinen Topf oder in der Mikrowelle. Du solltest sie nur warm und nicht kochend heiß machen.

4. Gieße die warme Mandelmilch über das Müsli in der Schüssel.

5. Süße das Müsli mit einem TL Honig und rühre nochmals alles gut durch.

6. Zum Schluss mit einer Prise Zimt bestreuen.

Kartoffelbrot

Zubereitungszeit: 40 Minuten
Portionen: 1 Brot

Zutaten:

- 200 g Kartoffeln, geschält und gewürfelt
- 100 g Reismehl
- 50 g Kartoffelstärke
- 1 TL Salz
- 2 EL natives Olivenöl extra
- 1 TL Backpulver
- 1 kleine Knoblauchzehe, fein gehackt
- 1 EL frische Petersilie, fein gehackt
- 1 Bio-Ei, geschlagen
- 50 ml frische Milch

Zubereitung:

1. Koche die gewürfelten Kartoffeln in einem mittelgroßen Topf, bis sie weich sind. Abgießen und mit einer Gabel zerdrücken, bis ein Kartoffelpüree entsteht.

2. In einer großen Schüssel das Reismehl, die Kartoffelstärke, das Salz und das Backpulver mischen.

3. Füge das Kartoffelpüree, das Olivenöl, den Knoblauch und die Petersilie hinzu und mische alles gut durch.

4. Schlage das Ei in einer kleinen Schüssel auf und füge die Milch hinzu. Rühre diese Mischung in die Kartoffelmischung, bis alles gut vermischt ist.

5. Heize den Backofen auf 180 Grad vor.

6. Forme den Teig zu einem Brotlaib und lege ihn auf ein mit Backpapier ausgelegtes Backblech.

7. Backe das Brot im vorgeheizten Backofen für etwa 25-30 Minuten oder bis es fest und goldbraun ist.

8. Nimm das Brot aus dem Ofen und lass es auf einem Gitter vollständig abkühlen.

Hirsepfanne mit Mungobohnensprossen

Zubereitungszeit: 25 Minuten
Portionen: 1 Person

Zutaten:

- 50 g Hirse, gut gespült
- 75 g Mungobohnensprossen, frisch
- 1 Karotte, gewürfelt
- 1/2 kleiner Zucchini, gewürfelt
- 1 EL natives Olivenöl extra
- 2 EL Mais, frisch
- 1 EL Petersilie, fein gehackt
- 1/2 TL Kurkuma
- Salz und schwarzer Pfeffer, nach Geschmack
- 100 ml Gemüsebrühe, hefefrei und ohne Geschmacksverstärker

Zubereitung:

1. Die Hirse in einem Sieb gründlich unter fließendem Wasser spülen, bis das Wasser klar ist.

2. In einem Topf die Gemüsebrühe zum Kochen bringen und die gespülte Hirse hinzufügen. Den Kurkuma hinzufügen, umrühren und auf mittlerer Hitze für etwa 15 Minuten köcheln lassen, bis die Hirse gar ist.

3. Während die Hirse kocht, das Olivenöl in einer Pfanne erhitzen und die gewürfelten Karotten und Zucchini darin für ca. 5 Minuten anbraten, bis sie weich, aber noch bissfest sind.

4. Die Mungobohnensprossen und den Mais hinzufügen und weitere 3 Minuten braten.

5. Nun die gekochte Hirse unter das Gemüse in der Pfanne mischen und alles gut verrühren. Mit Salz und schwarzem Pfeffer abschmecken.

6. Zum Schluss mit der frisch gehackten Petersilie bestreuen.

Reispudding

Zubereitungszeit: 30 Minuten
Portionen: 1 Person

Zutaten:

- 50 g Rundkornreis, gewaschen
- 250 ml Hafermilch
- 1 TL echte Vanille, ausgekratzt
- 1 EL Honig
- 7 - 10 Kirschen, entkernt und halbiert
- 1 TL Chia-Samen
- 1 Prise Zimt
- 1 TL Butter
- 5-6 Blätter frische Zitronenmelisse, fein gehackt

Zubereitung:

1. In einem Topf die Hafermilch zusammen mit dem Rundkornreis zum Kochen bringen. Die Hitze reduzieren und den Reis bei niedriger Temperatur etwa 20 Minuten köcheln lassen, bis er weich ist. Gelegentlich umrühren, um Anbrennen zu vermeiden.

2. Während der Reis köchelt, die Kirschen in einer kleinen Pfanne mit der Butter leicht andünsten, bis sie weich sind, aber noch ihre Form behalten.

3. Wenn der Reis weich ist, den Honig, die echte Vanille und den Zimt hinzufügen und gut umrühren. Den Topf vom Herd nehmen und den Reispudding etwas abkühlen lassen.

4. Die Chia-Samen unter den noch warmen Reispudding rühren und für etwa 5 Minuten stehen lassen, damit sie quellen können.

5. Den Reispudding in eine Schale geben, die gedünsteten Kirschen darauf verteilen und mit der fein gehackten Zitronenmelisse bestreuen. Guten Appetit.

Kartoffel-Kohlrabi-Auflauf

Zubereitungszeit: 35 Minuten
Portionen: 1 Person

Zutaten:

- 150 g Kartoffeln, geschält und in dünne Scheiben geschnitten
- 150 g Kohlrabi, geschält und in dünne Scheiben geschnitten
- 2 EL natives Olivenöl extra
- 1 kleine Zwiebel, fein gewürfelt
- 1 kleine Knoblauchzehe, fein gehackt
- 100 ml Kokosmilch
- 1 EL Petersilie, fein gehackt
- 1 EL Chia-Samen
- 1 TL Salz
- 1/4 TL weißer Pfeffer
- 50 g Butterkäse, gerieben

Zubereitung:

1. Den Backofen auf 200 Grad vorheizen.

2. In einer Pfanne 1 EL Olivenöl erhitzen und die Zwiebeln und den Knoblauch darin anbraten, bis sie weich und goldbraun sind.

3. In einer großen Schüssel die Kartoffel- und Kohlrabischeiben mit den angebratenen Zwiebeln, Knoblauch, Kokosmilch, Petersilie, Chia-Samen, Salz und Pfeffer vermengen. Alles gut vermischen, sodass die Gewürze gleichmäßig verteilt sind.

4. Eine Auflaufform mit dem restlichen EL Olivenöl einfetten. Die Kartoffel-Kohlrabi-Mischung gleichmäßig in die Form geben.

5. Den geriebenen Butterkäse über die Mischung streuen.

6. Den Auflauf in den vorgeheizten Ofen schieben und für ca. 25 Minuten backen, oder bis der Käse goldbraun und die Kartoffeln und der Kohlrabi weich sind.

7. Den Auflauf aus dem Ofen nehmen und kurz abkühlen lassen.

Kastanienpfannkuchen mit Aprikosenfüllung

Zubereitungszeit: 25 Minuten
Portionen: 1 Person

Zutaten:

- 70 g Kastanienmehl
- 1 Bio-Ei
- 150 ml Hafermilch
- Eine Prise Salz
- 1 EL Butter zum Braten
- 4 frische Aprikosen, entsteint und in Scheiben geschnitten
- 2 EL Honig
- 50 g Mandeln, grob gehackt
- 1/2 TL echte Vanille
- 1 EL Kokosnuss, geraspelt
- Ein Spritzer Verjus

Zubereitung:

1. In einer Schüssel das Kastanienmehl, Ei, Hafermilch und Salz zu einem glatten Teig verrühren. Etwa 10 Minuten ruhen lassen.

2. Während der Teig ruht, die Aprikosenscheiben in einer Pfanne mit dem Honig leicht karamellisieren lassen. Mandeln und Kokosnussraspeln hinzufügen und kurz mitbraten, bis alles schön goldbraun ist. Mit einem Spritzer Verjus ablöschen und vom Herd nehmen.

3. In einer separaten Pfanne die Butter erhitzen und Portionsweise Pfannkuchen darin von beiden Seiten goldbraun ausbacken.

4. Die fertigen Pfannkuchen mit der Aprikosenfüllung belegen und servieren.

Rhabarber-Mandelkuchen

Zubereitungszeit: 40 Minuten
Portionen: 1 Person

Zutaten:

- 150 g Rhabarber, gewaschen und in kleine Stücke geschnitten
- 70 g Mandeln, fein gemahlen
- 2 EL Chia-Samen
- 2 EL Butter, geschmolzen
- 30 g Haushaltszucker
- 1 Bio-Ei
- 50 ml Mandelmilch
- 1 TL Backpulver
- 1 TL echte Vanille
- Eine Prise Salz
- 1 EL Kokosraspeln

Zubereitung:

1. Heize deinen Ofen auf 180 Grad vor.

2. In einer mittelgroßen Schüssel die gemahlenen Mandeln, Chia-Samen, Backpulver, Vanille und Salz vermengen.

3. In einer anderen Schüssel das Ei, den Haushaltszucker und die geschmolzene Butter schaumig schlagen.

4. Die trockenen Zutaten aus Schritt 2 zur Ei-Mischung geben und gut verrühren.

5. Mandelmilch hinzufügen und zu einem glatten Teig vermengen.

6. Die Rhabarberstücke unter den Teig heben.

7. Eine kleine Backform mit etwas Butter einfetten und den Teig hineingeben.

8. Den Kuchen im vorgeheizten Ofen ca. 25-30 Minuten backen, bis er goldbraun ist und ein Holzstäbchen sauber herauskommt.

9. Den Kuchen aus dem Ofen nehmen, kurz abkühlen lassen und vor dem Servieren mit Kokosraspeln bestreuen.

Gebackene Blumenkohl Wings

Zubereitungszeit: 35 Minuten
Portionen: 1 Person

Zutaten:

- 1 mittlerer Blumenkohl, in mundgerechte Röschen zerteilt
- 2 EL natives Olivenöl extra
- 1 TL Kurkuma
- 1 TL Salz
- 1/2 TL Schwarzer Pfeffer
- 1/2 TL Paprika
- 50 ml Mandelmilch
- 50 g Dinkelmehl
- 1 EL Chiasamen, eingeweicht in 3 EL Wasser
- 1 TL Petersilie, fein gehackt

Zubereitung:

1. Heize deinen Ofen auf 200 Grad vor.
2. In einer Schüssel das Dinkelmehl, Salz, Pfeffer, Kurkuma, und Paprika miteinander vermengen.
3. Füge die Mandelmilch und den eingeweichten Chiasamen hinzu und rühre alles zu einem glatten Teig.
4. Die Blumenkohl-Röschen in den Teig tauchen, sodass sie vollständig bedeckt sind.
5. Lege die Blumenkohl-Wings auf ein mit Backpapier belegtes Backblech. Träufle das Olivenöl darüber.
6. Backe die Blumenkohl-Wings für etwa 25 Minuten im Ofen oder bis sie goldbraun sind.
7. Hole die Wings aus dem Ofen und lasse sie kurz abkühlen.
8. Bestreue sie zum Schluss mit der gehackten Petersilie.

Süßkartoffel-Gnocchi

Zubereitungszeit: 30 Minuten
Portionen: 1 Person

Zutaten:

- 1 mittelgroße Süßkartoffel (ca. 200 g), geschält und in Würfel geschnitten
- 50 g Dinkelmehl (plus etwas mehr zum Arbeiten)
- 1 Eigelb
- Eine Prise Salz
- 1 EL natives Olivenöl extra
- 1 Handvoll frischer Basilikum, fein gehackt
- 1 kleine Knoblauchzehe, fein gehackt
- 25 ml Sahne
- 1 EL Butter
- 10 g frischer Butterkäse, gerieben (für die Garnierung)

Zubereitung:

1. Die Süßkartoffelwürfel in einem Topf mit Wasser geben und zum Kochen bringen. Kochen, bis die Würfel weich sind, etwa 15 Minuten. Abgießen und mit einer Gabel zerdrücken, bis ein feines Püree entsteht.

2. In einer Schüssel das Süßkartoffelpüree, Dinkelmehl, Eigelb und Salz vermischen. Alles gut vermischen, bis ein glatter Teig entsteht. Falls der Teig zu klebrig ist, etwas mehr Mehl hinzufügen.

3. Eine Arbeitsfläche leicht mit Dinkelmehl bestäuben. Den Teig in eine lange Rolle formen und in kleine Stücke schneiden, um die Gnocchi zu formen. Jeden Gnocchi mit einer Gabel leicht andrücken, um das typische Muster zu erzeugen.

4. Einen Topf mit Salzwasser zum Kochen bringen und die Gnocchi darin kochen, bis sie an die Oberfläche kommen, etwa 2-3 Minuten. Mit einer Schaumkelle herausnehmen und abtropfen lassen.

5. In einer Pfanne das Olivenöl erhitzen. Knoblauch darin anbraten, bis er duftet, aber nicht braun wird. Frischen Basilikum hinzufügen und kurz anbraten. Sahne und Butter hinzufügen und alles gut vermischen, bis die Butter geschmolzen ist. Die Sauce leicht köcheln lassen, bis sie sich verdickt hat.

6. Die Gnocchi zur Sauce geben und alles gut vermengen, sodass die Gnocchi gut mit der Sauce überzogen sind. Auf einem Teller anrichten und mit frisch geriebenem Butterkäse bestreuen. Guten Appetit.

Porridge mit Preiselbeeren und Granatapfel

Zubereitungszeit: 15 Minuten
Portionen: 1 Person

Zutaten:

- 50 g Haferflocken
- 250 ml Hafermilch
- 1 EL Chia-Samen
- 2 EL Granatapfelkerne
- 2 EL Preiselbeeren, frisch oder tiefgefroren
- 1 TL Honig, optional
- Eine Prise Vanille
- Eine Prise Salz
- 1 EL gehackte Mandeln

Zubereitung:

1. Gib die Haferflocken, Chia-Samen und Hafermilch in einen kleinen Topf. Setze den Topf auf mittlere Hitze und bringe die Mischung zum Köcheln. Rühre dabei stetig um, damit nichts anbrennt.

2. Wenn die Mischung anfängt, dick zu werden und die Haferflocken weich sind, füge eine Prise Salz und Vanille hinzu. Rühre alles gut durch.

3. Wenn das Porridge die gewünschte Konsistenz erreicht hat, nimm den Topf vom Herd.

4. Gieße das Porridge in eine Schüssel. Streue die Granatapfelkerne, Preiselbeeren und gehackten Mandeln darüber.

5. Wenn du es süßer magst, kannst du noch einen Teelöffel Honig darüber träufeln. Lass es dir schmecken.

Blumenkohl Risotto mit Zucchini

Zubereitungszeit: 30 Minuten
Portionen: 1 Person

Zutaten:

- 1 kleiner Blumenkohl, in Röschen zerlegt und gerieben
- 1 Zucchini, gewürfelt
- 1 kleine Zwiebel, gewürfelt
- 1 TL natives Olivenöl extra
- 50 g Reis
- 250 ml Hafermilch
- 1 TL Salz
- Schwarzer Pfeffer nach Belieben
- 1 EL frischer Basilikum, gehackt
- 1 EL Petersilie, gehackt
- 30 g Butterkäse, gerieben
- 1 EL Butter

Zubereitung:

1. Erhitze in einer großen Pfanne das Olivenöl und dünste die gewürfelte Zwiebel glasig an.

2. Gib den geriebenen Blumenkohl und die gewürfelte Zucchini hinzu und lass das Ganze etwa 5 Minuten anbraten, bis das Gemüse leicht goldbraun ist.

3. Füge nun den Reis hinzu und brate ihn kurz mit an, bis er leicht durchsichtig wird.

4. Gieße die Hafermilch dazu und rühre alles gut um. Lass das Risotto auf mittlerer Hitze köcheln, bis der Reis weich ist und fast die gesamte Flüssigkeit aufgenommen hat. Dies dauert etwa 15-20 Minuten. Rühre dabei regelmäßig um, damit nichts anbrennt.

5. Wenn der Reis fast gar ist, füge den geriebenen Butterkäse, die Butter, den gehackten Basilikum und die Petersilie hinzu. Rühre alles gut durch, bis der Käse geschmolzen ist und das Risotto eine cremige Konsistenz hat.

6. Zum Schluss schmecke das Risotto mit Salz und Pfeffer ab.

Gebratene Süßkartoffelscheiben mit Sesampaste

Zubereitungszeit: 25 Minuten
Portionen: 1 Person

Zutaten:

- 1 mittelgroße Süßkartoffel, gewaschen und in Scheiben geschnitten
- 2 EL Sesampaste (Tahini)
- 1 TL Honig
- 2 TL natives Olivenöl extra
- Eine Prise Salz
- Eine Prise schwarzer Pfeffer
- 1 TL Petersilie, fein gehackt
- 2 EL Frischkäse, optional

Zubereitung:

1. Die Süßkartoffelscheiben in Olivenöl auf beiden Seiten leicht salzen und pfeffern.

2. Eine Pfanne bei mittlerer Hitze erwärmen und die Süßkartoffelscheiben darin ca. 3-4 Minuten von jeder Seite goldbraun anbraten.

3. Während die Süßkartoffelscheiben braten, in einer kleinen Schüssel die Sesampaste, Honig, Salz und Pfeffer miteinander verrühren. Wenn du magst, füge den Frischkäse hinzu und verrühre alles zu einer glatten Masse.

4. Die gebratenen Süßkartoffelscheiben auf einen Teller legen und die Sesampaste darüber verteilen.

5. Mit der fein gehackten Petersilie bestreuen und servieren.

Mandelbrot mit Kürbiskernen

Zubereitungszeit: 25 Minuten
Portionen: 1 kleines Brot

Zutaten:

- 50 g Mandeln, grob gehackt
- 50 g Kürbiskerne, grob gehackt
- 120 g Amaranth, fein gemahlen
- 1 Bio-Ei
- 30 ml Mandelmilch
- 15 g Kokosnuss, gerieben
- 1 TL Zimt
- 1/2 TL Backpulver
- 1 EL Honig
- Eine Prise Salz
- 2 EL natives Olivenöl extra

Zubereitung:

1. Heize deinen Backofen auf 180 Grad vor.

2. In einer großen Rührschüssel mische Amaranth, Kokosnuss, Zimt, Backpulver und Salz.

3. Füge die gehackten Mandeln und Kürbiskerne hinzu und vermische alles gut miteinander.

4. Schlage in einer separaten Schüssel das Ei auf und füge Mandelmilch, Olivenöl und Honig hinzu. Rühre alles gut durch, bis es eine homogene Masse bildet.

5. Vermische nun die trockenen mit den feuchten Zutaten und rühre kräftig, bis ein geschmeidiger Teig entsteht.

6. Gib den Teig auf ein mit Backpapier ausgelegtes Backblech und forme ein längliches Brot.

7. Backe das Mandelbrot für ca. 20 Minuten, bis es goldbraun und fest ist.

8. Nimm es aus dem Ofen und lass es auf einem Gitter vollständig abkühlen.

Johannisbeer-Kastanien-Muffins

Zubereitungszeit: 35 Minuten
Portionen: 4 Muffins

Zutaten:

- 50 g Kastanienmehl
- 1 TL Backpulver
- 1 Bio-Ei
- 30 ml Kokosmilch
- 25 g Haushaltszucker
- 2 EL natives Olivenöl extra
- 1 TL echte Vanille
- 50 g rote Johannisbeeren, gewaschen und entstielt
- Eine Prise Salz
- Einige Mandelsplitter

Zubereitung:

1. Zuerst heizt du den Ofen auf 180 Grad vor. Währenddessen legst du die Muffinformen mit Papierförmchen aus.

2. Vermische in einer mittelgroßen Schüssel das Kastanienmehl, Backpulver und Salz.

3. In einer anderen Schüssel verquirlst du das Ei leicht. Füge Kokosmilch, Haushaltszucker, Olivenöl und Vanille hinzu und rühre, bis sich alles gut verbunden hat.

4. Gieße nun die nassen Zutaten zu den trockenen und vermische alles, bis gerade eben ein Teig entsteht.

5. Jetzt ist es Zeit, die Johannisbeeren unter den Teig zu heben.

6. Verteile den Teig gleichmäßig auf die vorbereiteten Muffinförmchen und streue einige Mandelsplitter darüber.

7. Backe die Muffins im vorgeheizten Ofen für etwa 20-25 Minuten oder bis ein in die Mitte gestecktes Holzstäbchen sauber herauskommt.

8. Die Muffins einige Minuten in der Form abkühlen lassen, bevor du sie herausnimmst.

Nudeln mit Oliven und Mangold

Zubereitungszeit: 20 Minuten
Portionen: 1 Person

Zutaten:

- 80 g Reisnudeln
- 1 Handvoll frische Oliven, entsteint
- 100 g Mangold, gewaschen und in Streifen geschnitten
- 1 EL natives Olivenöl extra
- 1 kleine Zwiebel, fein gewürfelt
- 1 kleine Knoblauchzehe, fein gehackt
- 2 EL frischer Basilikum, gehackt
- 2 EL geriebener Butterkäse
- Salz und schwarzer Pfeffer zum Abschmecken

Zubereitung:

1. Bringe einen Topf mit Wasser zum Kochen. Füge eine Prise Salz hinzu und koche die Reisnudeln gemäß den Anweisungen auf der Verpackung.

2. Während die Nudeln kochen, erhitzt du in einer Pfanne das Olivenöl. Füge die Zwiebel und den Knoblauch hinzu und dünste sie, bis sie glasig sind.

3. Gib den Mangold hinzu und dünste ihn weiter, bis er leicht welk ist. Füge die Oliven und den gehackten Basilikum hinzu und rühre alles gut um.

4. Wenn die Nudeln fertig gekocht sind, gieße das Wasser ab und füge die Nudeln zur Pfanne hinzu. Vermenge alles gut miteinander und lass es nochmals 2-3 Minuten köcheln.

5. Schmecke alles mit Salz und Pfeffer ab und serviere es in einem tiefen Teller. Streue zum Schluss den geriebenen Butterkäse darüber. Guten Appetit.

Frühstücksideen

Haferflocken mit Apfel, Mango und Kirschen

Zubereitungszeit: 10 Minuten
Portionen: 1 Person

Zutaten:

- 50 g Haferflocken
- 150 ml Hafermilch
- 1 Apfel, gewaschen und gewürfelt
- 1/2 Mango, geschält und gewürfelt
- 10 frische Kirschen, entsteint
- 1 EL Honig
- 1 TL Chia-Samen
- Eine Prise Zimt

Zubereitung:

1. Die Hafermilch in einen Topf geben und auf mittlerer Stufe erhitzen.
2. Die Haferflocken hinzufügen und unter ständigem Rühren etwa 5 Minuten köcheln lassen.
3. Während die Haferflocken kochen, den Apfel waschen und in kleine Würfel schneiden. Die Mango schälen und ebenfalls würfeln. Die Kirschen entsteinen.
4. Wenn die Haferflocken die gewünschte Konsistenz erreicht haben, den Topf vom Herd nehmen und die Fruchtstücke unterrühren.
5. Den Haferbrei in eine Schale geben und mit Honig, Chia-Samen und einer Prise Zimt garnieren.

Joghurt mit Granatapfel und Heidelbeeren

Zubereitungszeit: 10 Minuten
Portionen: 1 Person

Zutaten:

- 150 g Joghurt
- 1 kleiner Granatapfel, Kerne herausgelöst
- 50 g Heidelbeeren, frisch gewaschen
- 1 EL Mandeln, grob gehackt
- 2 TL Honig
- 1 TL Chia-Samen
- 1 TL echte Vanille
- Eine Prise Zimt
- Einige frische Minzblätter zur Dekoration

Zubereitung:

1. Zu Beginn bereitest du den Granatapfel vor. Schneide ihn in der Mitte durch und löse die saftigen Kerne behutsam heraus. Achte darauf, dass keine weißen Häutchen dabei sind.

2. In einer Schüssel mischst du den Joghurt mit der Vanille und dem Zimt. Wenn du den Joghurt etwas süßer magst, kannst du jetzt den Honig unterrühren.

3. Gib den Joghurt als Basis in eine Schale oder ein Glas.

4. Verteile nun die Heidelbeeren und Granatapfelkerne gleichmäßig darauf.

5. Streue die gehackten Mandeln und Chia-Samen darüber. Das gibt dem Ganzen einen knusprigen Touch.

6. Beträufle das Ganze, wenn gewünscht, mit etwas mehr Honig und dekoriere mit Minzblättern.

Kartoffelpfannkuchen mit Apfelchutney

Zubereitungszeit: 30 Minuten
Portionen: 2 Pfannkuchen

Zutaten:

- 150 g Kartoffeln, geschält und gerieben
- 1 Ei, leicht verquirlt
- 2 EL Dinkelmehl
- 1 EL Hafermilch
- 1 Prise Salz und weißer Pfeffer
- 2 TL natives Olivenöl extra
- 1 Apfel, geschält und gewürfelt
- 50 ml Wasser
- 1 TL Honig
- 1/4 TL gemahlener Zimt
- 1/2 TL Butter

Zubereitung:

1. Für die Pfannkuchen: Die geriebenen Kartoffeln in ein Sieb geben und den überschüssigen Saft ausdrücken. In eine Schüssel geben.

2. Das Ei, Dinkelmehl, Hafermilch, Salz und Pfeffer hinzufügen und alles gut vermischen.

3. Eine Pfanne mit 1 TL Olivenöl erhitzen. Die Kartoffelmasse in die Pfanne geben und zwei Pfannkuchen formen. Beide Seiten goldbraun braten.

4. Für das Apfelchutney: Die gewürfelten Äpfel, Wasser, Honig und Zimt in einen Topf geben und zum Kochen bringen. Bei niedriger Hitze köcheln lassen, bis die Äpfel weich sind und die Flüssigkeit eingedickt ist.

5. Vom Herd nehmen und die Butter unterrühren, bis sie geschmolzen ist.

6. Die Kartoffelpfannkuchen auf einen Teller legen und das Apfelchutney darüber geben.

Frisch gebackenes Brot

Zubereitungszeit: 40 Minuten
Portionen: 1 kleines Brot

Zutaten:

- 150 g Dinkelmehl
- 50 g Haferflocken
- 1 TL Salz
- 1 TL Backpulver
- 1 EL natives Olivenöl extra
- 90 ml Wasser
- 1 kleine Zwiebel, fein gewürfelt
- 1 kleine Knoblauchzehe, fein gehackt
- 1 EL Petersilie, fein gehackt

Zubereitung:

1. Den Ofen auf 200 Grad vorheizen.

2. In einer Schüssel das Dinkelmehl, die Haferflocken, das Salz und das Backpulver gut vermengen.

3. Das Olivenöl und das Wasser hinzufügen und alles zu einem geschmeidigen Teig verkneten.

4. Zwiebel, Knoblauch und Petersilie unter den Teig kneten, bis sie gleichmäßig verteilt sind.

5. Den Teig zu einem kleinen Laib formen und auf ein mit Backpapier ausgelegtes Backblech legen.

6. Das Brot für ca. 25-30 Minuten im Ofen backen, bis es goldbraun und beim Klopfen auf die Unterseite hohl klingt.

7. Das Brot aus dem Ofen nehmen und auf einem Gitter vollständig auskühlen lassen.

Quinoamüsli

Zubereitungszeit: 15 Minuten
Portionen: 1 Person

Zutaten:

- 50 g Quinoa, gut gewaschen
- 200 ml Hafermilch
- 2 frische Aprikosen, gewürfelt
- 3 frische Litschis, entkernt und halbiert
- 1 EL Kürbiskerne, leicht geröstet
- 1 TL Honig oder nach Geschmack
- Eine Prise Salz
- Eine Prise Zimt
- 1 EL Kokosflocken
- 1 EL Chia-Samen

Zubereitung:

1. In einem kleinen Topf die Hafermilch zusammen mit dem gewaschenen Quinoa, Zimt und einer Prise Salz zum Kochen bringen. Auf mittlerer Hitze ca. 10 Minuten köcheln lassen, bis die Quinoa gar ist und die Flüssigkeit größtenteils absorbiert wurde. Dabei ab und zu umrühren.

2. Während die Quinoa kocht, die Aprikosen waschen, entkernen und in kleine Würfel schneiden. Litschis schälen, entkernen und halbieren.

3. In einer kleinen Pfanne ohne Öl die Kürbiskerne leicht rösten, bis sie duften und leicht goldbraun sind. Beiseite stellen.

4. Das fertig gekochte Quinoamüsli in eine Schale geben und leicht abkühlen lassen. Dann die Aprikosen- und Litschi-Stücke hinzufügen.

5. Mit Honig süßen und gut umrühren. Zum Schluss mit Kürbiskernen, Kokosflocken und Chia-Samen garnieren. Guten Appetit.

Pfannkuchen mit Kastanienmehl und Blaubeeren

Zubereitungszeit: 20 Minuten
Portionen: 1 Person

Zutaten:

- 60 g Kastanienmehl
- 1 Bio-Ei
- 150 ml Hafermilch
- 1 EL Butter zum Braten
- 1 TL Backpulver
- Eine Prise Salz
- 1 TL echte Vanille
- 100 g frische Blaubeeren
- 1 EL Honig zum Servieren

Zubereitung:

1. Schlage das Ei in eine Schüssel und gib die Hafermilch hinzu. Rühre alles gut durch.

2. Füge Kastanienmehl, Backpulver, Salz und Vanille hinzu und verrühre alles zu einem glatten Teig.

3. Heize eine Pfanne bei mittlerer Hitze vor und gib einen Klecks Butter hinein.

4. Sobald die Butter geschmolzen ist, gieße eine Kelle des Teigs in die Pfanne, um einen Pfannkuchen zu formen. Verteile einige Blaubeeren auf dem flüssigen Teig.

5. Brate den Pfannkuchen von jeder Seite etwa 2-3 Minuten oder bis er goldbraun ist.

6. Wiederhole den Vorgang mit dem restlichen Teig.

7. Serviere die Pfannkuchen und träufle etwas Honig darüber.

Apfel- und Kürbiskernmüsli

Zubereitungszeit: 10 Minuten
Portionen: 1 Person

Zutaten:

- 1 Apfel, gewaschen und gewürfelt
- 2 EL Kürbiskerne, geröstet
- 100 g Joghurt
- 3 EL Haferflocken
- 1 EL Chia-Samen
- 1 TL Honig oder nach Geschmack
- 1 TL Zimt
- 1 EL Kokoschips
- Einige Granatapfelkerne

Zubereitung:

1. Nimm zuerst den Apfel, wasche ihn gründlich und schneide ihn in kleine Würfel. Behalte einige Würfel zurück für die Garnierung.

2. Röste die Kürbiskerne in einer kleinen Pfanne ohne Fett, bis sie anfangen leicht zu springen. Dann nimm sie aus der Pfanne und lass sie kurz abkühlen.

3. In einer Schüssel vermischst du nun den Joghurt, Haferflocken, Chia-Samen und Honig. Rühre alles gut durch, bis du eine cremige Konsistenz erhältst.

4. Füge nun den gewürfelten Apfel und die gerösteten Kürbiskerne dazu und mische alles noch einmal gut durch.

5. Streue den Zimt darüber und rühre erneut um, bis das Müsli eine leicht zimtige Note bekommt.

6. Schichte dein Müsli in einem Glas oder einer Schale. Beginne mit einer Schicht des Joghurtmixes, gefolgt von Apfelwürfeln, Kokoschips und Kürbiskernen.

7. Wiederhole die Schichtung, bis alle Zutaten aufgebraucht sind.

8. Garniere mit den zurückbehaltenen Apfelwürfeln und streue ein paar Granatapfelkerne darüber. Guten Appetit.

Eierpfanne mit Kartoffeln

Zubereitungszeit: 25 Minuten
Portionen: 1 Person

Zutaten:

- 2 Bio-Eier
- 1 mittelgroße Kartoffel, gewürfelt
- 2 EL Butter
- 1 EL frische Petersilie, fein gehackt
- 1 kleine Zwiebel, gewürfelt
- Salz und weißer Pfeffer nach Geschmack
- 1 EL natives Olivenöl extra
- 2 EL frischer Joghurt

Zubereitung:

1. Die Kartoffelwürfel in einer Pfanne mit Olivenöl bei mittlerer Hitze goldbraun anbraten.

2. Die gewürfelte Zwiebel hinzufügen und weiterbraten, bis sie glasig wird.

3. In der Mitte der Pfanne eine kleine Mulde bilden und die Butter darin schmelzen lassen.

4. Die Eier in die Mulde schlagen und nach Geschmack mit Salz und Pfeffer würzen.

5. Die Eier langsam stocken lassen und dabei gelegentlich umrühren, um sie mit den Kartoffeln und Zwiebeln zu vermengen.

6. Sobald die Eier fast vollständig durchgegart sind, die fein gehackte Petersilie darüberstreuen und alles gut vermischen.

7. Zum Schluss das Gericht auf einen Teller geben und mit einem Löffel frischem Joghurt garnieren.

Joghurt mit Datteln und Tigernüssen

Zubereitungszeit: 10 Minuten
Portionen: 1 Person

Zutaten:

- 150 ml Naturjoghurt
- 4 Datteln (ungeschwefelt), entkernt und kleingeschnitten
- 2 EL Tigernüsse (Erdmandel), grob gehackt
- 1 EL Mandeln, grob gehackt
- 1 TL Chia-Samen
- 1 TL Honig
- 1 Prise Salz
- 1 Prise echte Vanille

Zubereitung:

1. Nimm eine Schüssel und gebe den Naturjoghurt hinein.
2. Füge die kleingeschnittenen Datteln und die gehackten Tigernüsse hinzu.
3. Die Mandeln grob hacken und ebenfalls in die Schüssel geben.
4. Chia-Samen dazustreuen.
5. Für eine leichte Süße gib einen Teelöffel Honig darüber und vermische alles gut.
6. Zum Abschluss eine Prise Salz und echte Vanille hinzufügen und noch einmal alles gut durchmischen. Fertig.

Hirse-Porridge

Zubereitungszeit: 25 Minuten
Portionen: 1 Person

Zutaten:

- 50 g Hirse, gewaschen und abgetropft
- 250 ml Hafermilch
- 1/2 reife Mango, geschält und in kleine Würfel geschnitten
- 1 TL echte Vanille
- 1 TL Honig
- 1 EL Kokosflocken
- Eine kleine Prise Salz
- Einige frische Blaubeeren für die Garnierung

Zubereitung:

1. Gib die gewaschene Hirse zusammen mit der Hafermilch und der Prise Salz in einen kleinen Kochtopf.

2. Erhitze die Mischung bei mittlerer Hitze und bringe sie zum Kochen. Verringere dann die Hitze und lasse die Hirse unter gelegentlichem Rühren etwa 15-20 Minuten köcheln, bis sie weich ist und die Flüssigkeit aufgesogen hat.

3. Während die Hirse kocht, kannst du die Mango vorbereiten. Schäle sie und schneide sie in kleine Würfel.

4. Wenn die Hirse fast fertig ist, füge die echte Vanille hinzu und rühre gut um.

5. Nachdem die Hirse fertig gekocht hat, nimm den Topf vom Herd und lasse ihn kurz stehen.

6. Gib den Honig und die Kokosflocken hinzu und rühre erneut um, bis alles gut vermischt ist.

7. Serviere das Porridge in einer Schüssel, belege es mit den Mangowürfeln und garniere mit einigen frischen Blaubeeren. Guten Appetit!

Frische Weintrauben mit Joghurt und Kürbiskernen

Zubereitungszeit: 10 Minuten
Portionen: 1 Person

Zutaten:

- 100 g Weintrauben, gewaschen und halbiert
- 150 g Naturjoghurt
- 2 EL Kürbiskerne, grob gehackt
- 1 TL Honig
- 1 TL Vanilleextrakt
- 1 TL Leinsamen, gemahlen
- 1 Prise Zimt
- Einige frische Minzblätter zum Garnieren (optional)

Zubereitung:

1. Du beginnst damit, die Weintrauben zu waschen und zu halbieren. Danach stellst du sie beiseite.

2. Die Kürbiskerne grob hacken und in einer trockenen Pfanne bei mittlerer Hitze leicht anrösten, bis sie goldbraun sind. Vorsicht, nicht zu lange rösten, da sie sonst verbrennen könnten.

3. In einer Schüssel vermengst du den Joghurt mit dem Honig, der Vanille, den gemahlenen Leinsamen und der Prise Zimt, bis alles gut vermischt ist.

4. Nun fügst du die halbierten Weintrauben in die Schüssel hinzu und rührst alles behutsam unter.

5. Die Mischung in eine Frühstücksschale oder ein Dessertglas geben und mit den gerösteten Kürbiskernen bestreuen.

6. Wenn du magst, kannst du das Gericht noch mit ein paar frischen Minzblättern garnieren.

Erdmandel-Porridge mit frischen Kirschen

Zubereitungszeit: 15 Minuten
Portionen: 1 Person

Zutaten:

- 30 g Erdmandel-Flocken (Tigernuss)
- 10 frische Kirschen, entsteint und halbiert
- 1 TL Chia-Samen
- 200 ml Mandelmilch
- 1 TL Honig
- 1 Prise echte Vanille
- 1 EL Kokosnussflocken
- 1 Prise Salz
- 1 TL Butter zum Anbraten der Kirschen

Zubereitung:

1. Die Mandelmilch in einem Topf erhitzen, aber nicht kochen lassen. Erdmandel-Flocken, Chia-Samen, Vanille und Salz hinzufügen und gut verrühren.

2. Bei niedriger Hitze etwa 5-7 Minuten köcheln lassen, bis die Mischung andickt. Regelmäßig umrühren, damit nichts anbrennt.

3. In der Zwischenzeit die Butter in einer kleinen Pfanne erhitzen und die halbierten Kirschen darin etwa 3 Minuten anbraten, bis sie weich und saftig sind.

4. Das Porridge in eine Schüssel geben und mit den angebratenen Kirschen, Kokosnussflocken und Honig garnieren.

Leinsamen Pancakes mit Heidelbeerfüllung

Zubereitungszeit: 20 Minuten
Portionen: 1 Person

Zutaten:

- 3 EL Leinsamen, fein gemahlen
- 120 ml Hafermilch
- 1 Bio-Ei
- 50 g Dinkelmehl
- 1 TL Backpulver
- Eine Prise Salz
- 1 TL Honig
- 2 EL Butter zum Braten
- 100 g Heidelbeeren, frisch
- 2 EL Frischkäse
- Ein kleines Stück Vanilleschote, das Mark herausgekratzt
- 1 EL Mandeln, gehackt

Zubereitung:

1. In einer Schüssel die gemahlenen Leinsamen mit der Hafermilch verrühren und etwa 10 Minuten quellen lassen.

2. Das Ei hinzufügen und gut verquirlen.

3. Dinkelmehl, Backpulver und Salz hinzufügen und zu einem glatten Teig verrühren. Bei Bedarf etwas mehr Hafermilch hinzufügen, bis der Teig die gewünschte Konsistenz hat.

4. Honig unter den Teig rühren.

5. Eine Pfanne auf mittlerer Hitze erhitzen und 1 EL Butter darin schmelzen.

6. Kleine Mengen des Teigs in die Pfanne geben und Pfannkuchen von beiden Seiten goldbraun braten. Diesen Schritt wiederholen, bis der gesamte Teig verbraucht ist.

7. Für die Heidelbeerfüllung die Heidelbeeren in einem Topf erhitzen, bis sie Saft freigeben. Frischkäse und Vanillemark hinzufügen und gut vermengen, bis eine cremige Füllung entsteht.

8. Die Pfannkuchen mit der Heidelbeerfüllung füllen und mit gehackten Mandeln bestreuen. Guten Appetit.

Zucchini-Karotten-Rösti

Zubereitungszeit: 20 Minuten
Portionen: 1 Person

Zutaten:

- 1 mittelgroße Zucchini, grob geraspelt
- 1 große Karotte, grob geraspelt
- 1 Bio-Ei
- 2 EL Dinkelmehl
- 1 kleine Zwiebel, fein gehackt
- 1/2 TL Salz
- 1 Prise weißer Pfeffer
- 2 EL natives Olivenöl extra zum Braten
- **Für den Dip:**
- 3 EL Frischkäse
- 1 EL Mandelmilch
- 1 EL frische Petersilie, fein gehackt
- Salz und weißer Pfeffer zum Abschmecken

Zubereitung:

1. Zuerst die Zucchini und die Karotte nach dem Raspeln in ein sauberes Küchentuch legen und den Saft herauspressen. Dies verhindert, dass die Rösti später zu feucht werden.

2. Die geraspelten Zucchini und Karotten in eine Schüssel geben und mit dem Ei, Dinkelmehl, gehackter Zwiebel, Salz und Pfeffer vermengen.

3. Eine Pfanne mit Olivenöl auf mittlerer Hitze erhitzen. Die Zucchini-Karotten-Mischung in zwei Portionen teilen und je eine Portion in die Pfanne geben, leicht flach drücken, um eine Rösti-Form zu erhalten. Beide Seiten goldbraun anbraten, das dauert ca. 3-4 Minuten pro Seite.

4. Für den Petersilien-Dip den Frischkäse in einer kleinen Schüssel mit der Mandelmilch glatt rühren. Petersilie hinzufügen und mit Salz und Pfeffer abschmecken.

5. Die fertigen Rösti auf einen Teller legen und mit dem Petersilien-Dip servieren.

Einfache Beilagen

Gebackene Süßkartoffelspalten

Zubereitungszeit: 30 Minuten
Portionen: 1 Person

Zutaten:

- 1 mittelgroße Süßkartoffel, gewaschen und in Spalten geschnitten
- 2 EL natives Olivenöl extra
- 1 TL Salz
- Schwarzer Pfeffer nach Geschmack
- 1 TL Thymian, frisch oder getrocknet
- 1 TL Rosmarin, frisch gehackt oder getrocknet

Zubereitung:

1. Den Ofen auf 200 Grad vorheizen und ein Backblech mit Backpapier auslegen.
2. Die Süßkartoffelspalten in eine große Schüssel geben. Olivenöl, Salz, Pfeffer, Thymian und Rosmarin hinzufügen.
3. Alles gut vermengen, sodass die Süßkartoffelspalten gleichmäßig gewürzt sind.
4. Die gewürzten Süßkartoffelspalten gleichmäßig auf dem Backblech verteilen, sodass sie nicht übereinanderliegen.
5. Im vorgeheizten Ofen etwa 20-25 Minuten backen, bis sie goldbraun und knusprig sind. Einmal während des Backens wenden, um eine gleichmäßige Bräunung zu gewährleisten.
6. Aus dem Ofen nehmen und 5 Minuten abkühlen lassen.

Gedünsteter Brokkoli mit Mandeln

Zubereitungszeit: 20 Minuten
Portionen: 1 Person

Zutaten:

- 150 g Brokkoli, in kleine Röschen geteilt
- 20 g Mandeln, grob gehackt
- 1 kleine Karotte, in feine Streifen geschnitten
- 1 kleine Zwiebel, fein gewürfelt
- 1 TL natives Olivenöl extra
- 1 Prise Salz
- Schwarzer Pfeffer, frisch gemahlen
- 1 TL Petersilie, fein gehackt
- 1 TL Butter
- 50 ml Mandelmilch

Zubereitung:

1. In einer großen Pfanne das Olivenöl erhitzen und die Zwiebel darin glasig anbraten.

2. Brokkoliröschen und Karottenstreifen hinzufügen und unter ständigem Rühren für ca. 5 Minuten anbraten, bis das Gemüse leicht gebräunt und knusprig ist.

3. Mandeln in die Pfanne geben und alles weitere 3 Minuten dünsten.

4. Mit Salz und schwarzem Pfeffer würzen.

5. Die Mandelmilch und Butter hinzufügen und das Gemüse darin 5-7 Minuten auf kleiner Flamme köcheln lassen, bis der Brokkoli weich, aber noch bissfest ist.

6. Abschließend mit der gehackten Petersilie bestreuen und servieren.

Kartoffelpüree mit Petersilie

Zubereitungszeit: 20 Minuten
Portionen: 1 Person

Zutaten:

- 2 mittelgroße Kartoffeln, geschält und in Würfel geschnitten
- 2 EL Butter
- 50 ml Hafermilch
- 2 EL frische Petersilie, fein gehackt
- Salz und weißer Pfeffer nach Geschmack
- 1 TL natives Olivenöl extra

Zubereitung:

1. Setze einen Topf mit Wasser auf den Herd und bringe es zum Kochen. Sobald das Wasser kocht, gib die Kartoffelwürfel hinzu und lasse sie für etwa 15 Minuten oder bis sie weich sind, kochen.

2. Wenn die Kartoffeln weich gekocht sind, gieße das Wasser ab und gib die Kartoffeln zurück in den Topf.

3. Nun gib die Butter und Hafermilch zu den Kartoffeln. Mithilfe eines Kartoffelstampfers zerdrückst du die Kartoffeln, bis ein cremiges Püree entsteht. Wenn das Püree zu dick ist, kannst du nach Belieben noch etwas mehr Hafermilch hinzufügen.

4. Gib nun die frisch gehackte Petersilie zum Püree und rühre alles gut durch. Schmecke mit Salz und weißem Pfeffer ab.

5. Vor dem Servieren beträufelst du das Kartoffelpüree mit etwas Olivenöl und garnierst es eventuell mit einem zusätzlichen Petersilienzweig. Guten Appetit.

Quinoa mit Artischocken und Karotten

Zubereitungszeit: 25 Minuten
Portionen: 1 Person

Zutaten:

- 50 g Quinoa, gewaschen
- 100 g Artischocken, frisch und geviertelt
- 1 mittelgroße Karotte, gewürfelt
- 1 EL natives Olivenöl extra
- 1 kleine Zwiebel, gewürfelt
- 1 EL Petersilie, gehackt
- Salz und weißer Pfeffer nach Geschmack
- 200 ml Wasser
- 1 TL Butter
- 1 TL Sesam, zum Garnieren

Zubereitung:

1. Erhitze in einer kleinen Pfanne das Olivenöl. Gib die Zwiebelwürfel hinzu und brate sie an, bis sie glasig sind.

2. Füge die gewürfelte Karotte hinzu und brate sie für ca. 3 Minuten mit, bis sie etwas weicher wird.

3. Nun kommen die Artischockenstücke dazu. Lasse alles zusammen für weitere 5 Minuten köcheln.

4. Gib den Quinoa dazu und rühre alles gut um.

5. Gieße das Wasser in die Pfanne und bringe es zum Kochen. Reduziere anschließend die Hitze, gib den Deckel auf die Pfanne und lasse alles für ca. 15 Minuten auf kleiner Flamme köcheln, bis der Quinoa gar ist und das Wasser absorbiert wurde.

6. Würze mit Salz und Pfeffer nach Geschmack. Zum Schluss füge die Butter und die Petersilie hinzu und rühre gut um, bis die Butter geschmolzen ist.

7. Serviere das Gericht in einer Schale und bestreue es mit Sesam. Lass es dir schmecken!

Hirse mit Zucchini

Zubereitungszeit: 25 Minuten
Portionen: 1 Person

Zutaten:

- 50 g Hirse, gewaschen
- 200 ml Wasser
- 1 kleine Zucchini, gewürfelt
- 1 TL frischer Ingwer, fein gehackt
- 1 EL natives Olivenöl extra
- 1 EL Petersilie, gehackt
- Salz und schwarzer Pfeffer nach Geschmack
- 2 EL Joghurt
- 1 EL Mandelsplitter

Zubereitung:

1. Setze einen Topf mit Wasser auf und bringe es zum Kochen. Gib die Hirse hinzu und lasse sie für etwa 15 Minuten köcheln, bis sie weich und das Wasser aufgesogen ist. Ab und zu umrühren.

2. Während die Hirse kocht, erhitzt du das Olivenöl in einer Pfanne. Füge die Zucchiniwürfel und den gehackten Ingwer hinzu. Brate alles für etwa 5 Minuten an, bis die Zucchini leicht gebräunt und zart ist.

3. Mische die gekochte Hirse mit der Zucchini-Ingwer-Mischung. Schmecke mit Salz und Pfeffer ab und rühre die Petersilie unter.

4. Serviere die Hirse in einer Schale. Gib den Joghurt darüber und streue die Mandelsplitter als Topping darüber.

Gedünstete Karotten

Zubereitungszeit: 15 Minuten
Portionen: 1 Person

Zutaten:

- 2 mittelgroße Karotten, geschält und in Scheiben geschnitten
- 1 TL Butter
- Eine Prise frisch gemahlener Muskat
- Salz und schwarzer Pfeffer nach Geschmack
- 1 EL Petersilie, fein gehackt
- 1 EL natives Olivenöl extra

Zubereitung:

1. Du erhitzt in einer Pfanne die Butter und das Olivenöl bei mittlerer Hitze. Wenn die Butter geschmolzen ist und zu schäumen beginnt, füge die Karottenscheiben hinzu.

2. Lasse die Karotten etwa 7-8 Minuten dünsten, dabei regelmäßig wenden, damit sie nicht anbrennen.

3. Während die Karotten dünsten, streue eine Prise Salz und Pfeffer darüber, um den Geschmack hervorzuheben.

4. Sobald die Karotten fast fertig sind, füge den frisch gemahlenen Muskat hinzu und rühre gut um, sodass alle Karottenscheiben damit bedeckt sind.

5. Nimm die Pfanne vom Herd und streue die frisch gehackte Petersilie darüber. Fertig.

Blumenkohlreis mit Petersilie

Zubereitungszeit: 15 Minuten
Portionen: 1 Person

Zutaten:

- 150 g Blumenkohl, gewaschen und in Röschen zerteilt
- 2 EL natives Olivenöl extra
- 1 kleine Zwiebel, fein gewürfelt
- 1 kleine Knoblauchzehe, fein gehackt
- Eine Handvoll Petersilie, gewaschen und fein gehackt
- Salz und weißer Pfeffer zum Abschmecken
- 1 TL Butter zum Verfeinern
- 50 ml frische Milch

Zubereitung:

1. Gib die Blumenkohlröschen in eine Küchenmaschine und zerkleinere sie, bis sie die Konsistenz von Reiskörnern haben.

2. In einer großen Pfanne das Olivenöl auf mittlerer Hitze erhitzen.

3. Füge die Zwiebelwürfel hinzu und dünste sie, bis sie glasig sind.

4. Den Knoblauch hinzufügen und kurz mitdünsten.

5. Jetzt den Blumenkohlreis in die Pfanne geben und 5-7 Minuten anbraten, bis er goldbraun und weich ist.

6. Mit Salz und weißem Pfeffer abschmecken.

7. Die Milch und die Butter hinzufügen und alles gut vermengen, bis der Blumenkohlreis eine leicht cremige Konsistenz hat.

8. Zum Schluss die fein gehackte Petersilie unterrühren. Guten Appetit.

Kohlrabi und Pastinakenpfanne

Zubereitungszeit: 25 Minuten
Portionen: 1 Person

Zutaten:

- 1 kleiner Kohlrabi, geschält und gewürfelt
- 1 Pastinake, geschält und in Scheiben geschnitten
- 2 EL natives Olivenöl extra
- 1 TL gemahlener Kurkuma
- Salz und schwarzer Pfeffer nach Geschmack
- 1 kleine Zwiebel, gewürfelt
- 1 Apfel, entkernt und gewürfelt
- 2 EL frische Petersilie, gehackt
- 1 EL Mandeln, grob gehackt
- 50 ml Wasser
- 1 TL Honig

Zubereitung:

1. Erhitze das Olivenöl in einer Pfanne auf mittlerer Hitze.
2. Füge den Kohlrabi, die Pastinake und die Zwiebel hinzu und brate sie für etwa 10 Minuten an, bis sie leicht gebräunt sind.
3. Während das Gemüse brät, vermische in einer kleinen Schale Kurkuma, Salz und Pfeffer. Streue die Mischung dann über das Gemüse in der Pfanne und rühre gut um.
4. Füge den gewürfelten Apfel hinzu und brate alles weitere 5 Minuten.
5. Gib das Wasser und den Honig hinzu und lasse das Ganze noch etwa 5 Minuten köcheln, bis das Gemüse weich ist.
6. Vom Herd nehmen und mit Mandeln und Petersilie bestreuen.

Kartoffel und Knollenselleriebrei

Zubereitungszeit: 25 Minuten
Portionen: 1 Person

Zutaten:

- 1 mittelgroße Kartoffel (ca. 150 g), geschält und gewürfelt
- 1 Stück Knollensellerie (ca. 100 g), geschält und gewürfelt
- 2 EL Butter
- 50 ml Hafermilch
- Salz und weißer Pfeffer nach Geschmack
- 1 TL frische Petersilie, fein gehackt

Zubereitung:

1. Fülle einen mittelgroßen Topf mit Wasser und füge eine Prise Salz hinzu. Bring das Wasser zum Kochen.

2. Gib die gewürfelten Kartoffeln und den Knollensellerie in das kochende Wasser und lass sie für etwa 15-20 Minuten köcheln, bis sie weich sind.

3. Gieße das Wasser ab und stelle den Topf wieder auf den Herd, diesmal bei niedriger Hitze.

4. Füge die Butter und die Hafermilch hinzu und zerstampfe die Kartoffeln und den Sellerie mit einem Kartoffelstampfer, bis eine cremige Konsistenz entsteht. Wenn du keinen Kartoffelstampfer hast, kannst du auch einen Löffel verwenden.

5. Würze den Brei mit Salz und weißem Pfeffer und rühre gut um.

6. Streue zum Schluss die frisch gehackte Petersilie darüber und rühre sie unter. Fertig.

Desserts

Apfel-Kirsch-Crumble

Zubereitungszeit: 25 Minuten
Portionen: 1 Person

Zutaten:

- 1 kleiner Apfel, gewaschen und in Würfel geschnitten
- 5-6 Kirschen, entkernt und halbiert
- 15 g Haferflocken
- 10 g Mandeln, grob gehackt
- 1 TL Butter, geschmolzen
- 1 TL Honig
- 1 Prise Zimt
- 1 Prise echte Vanille

Zubereitung:

1. Heize deinen Ofen auf 180 Grad vor.

2. Nimm eine kleine Auflaufform und verteile die Apfelwürfel und halbierten Kirschen gleichmäßig darin.

3. In einer kleinen Schüssel mischst du die Haferflocken, gehackten Mandeln, geschmolzene Butter, Honig, Zimt und Vanille miteinander. Dabei entstehen deine Mandelstreusel.

4. Verteile die Mandelstreusel gleichmäßig über die Früchte in der Auflaufform.

5. Backe das Crumble im vorgeheizten Ofen für ca. 20 Minuten oder bis die Streusel goldbraun sind und die Früchte saftig.

6. Nimm das Crumble aus dem Ofen und lass es kurz abkühlen. Guten Appetit.

Frische Mango-Creme

Zubereitungszeit: 15 Minuten
Portionen: 1 Person

Zutaten:

- 1 reife Mango, geschält und gewürfelt
- 100 ml Kokosmilch
- 1 TL echte Vanille
- 1 EL Honig
- 1 EL Chia-Samen
- Einige Blätter frische Minze für Dekoration

Zubereitung:

1. Die Mango vorsichtig schälen und in kleine Würfel schneiden. Ein paar Würfel zur Seite legen, um sie später als Dekoration zu verwenden.

2. Die Mangowürfel in einen Mixer geben. Kokosmilch, echte Vanille und Honig hinzufügen. Alles zu einer cremigen Masse mixen.

3. Nun die Chia-Samen unter die Mangocreme mischen. Durch die Samen erhält die Creme nach ein paar Minuten eine leicht gelartige Konsistenz.

4. Die Creme in eine Dessertschale oder ein Glas füllen. Mit den beiseitegelegten Mangostücken und frischen Minzeblättern garnieren.

5. Kurz vor dem Verzehr im Kühlschrank kühlstellen, damit die Creme eine festere Konsistenz erhält und die Chia-Samen aufquellen können.

Gebackene Feige mit Mandelmus

Zubereitungszeit: 20 Minuten
Portionen: 1 Person

Zutaten:

- 1 frische Feige, gewaschen und halbiert
- 1 TL Mandelmus
- Eine Prise Kardamom
- 1 EL Honig
- 1 TL gehackte Mandeln
- 50 ml Sahne
- 1 TL echte Vanille
- Eine Prise Zimt

Zubereitung:

1. Den Ofen auf 180 Grad vorheizen.

2. Nimm die halbierten Feigen und bestreiche die Schnittfläche sanft mit Mandelmus. Dann streue vorsichtig den Kardamom darüber.

3. Leg die Feigen mit der Schnittfläche nach oben in eine kleine ofenfeste Form. Beträufle sie mit einem halben EL Honig und streue die gehackten Mandeln darüber.

4. Lass die Feigen im vorgeheizten Ofen für etwa 10-12 Minuten backen, bis sie weich und leicht karamellisiert sind.

5. Währenddessen gibst du die Sahne in einen kleinen Topf und erhitzt sie leicht. Füge Vanille, den restlichen Honig und Zimt hinzu und lass sie auf kleiner Flamme leicht köcheln, bis sie eine cremige Konsistenz bekommt.

6. Die gebackenen Feigen vorsichtig aus dem Ofen nehmen und auf einen Teller setzen. Die warme Vanillesahne darüber gießen. Guten Appetit.

Preiselbeer-Granita

Zubereitungszeit: 4 Stunden (inklusive Gefrierzeit)
Portionen: 1 Person

Zutaten:

- 150 g Preiselbeeren, frisch oder tiefgefroren
- 60 ml Wasser
- 30 g Haushaltszucker
- Einige Blätter Zitronenmelisse, fein gehackt
- 1 EL Kokosmilch

Zubereitung:

1. Die Preiselbeeren zusammen mit Wasser in einen kleinen Topf geben und auf mittlerer Hitze zum Köcheln bringen. Dabei gelegentlich umrühren.

2. Wenn die Beeren weich sind, den Topf vom Herd nehmen und die Mischung etwas abkühlen lassen.

3. Den Haushaltszucker zur Preiselbeermischung hinzufügen und gut umrühren, bis sich der Zucker vollständig aufgelöst hat.

4. Die Mischung durch ein feines Sieb in eine flache, gefrierfeste Schale gießen, dabei die festen Bestandteile mit einem Löffel gut ausdrücken, um möglichst viel Saft zu gewinnen.

5. Die fein gehackte Zitronenmelisse unterrühren und die Schale in das Gefrierfach stellen.

6. Nach etwa einer Stunde mit einer Gabel durch die Mischung gehen, um Eiskristalle zu zerbrechen und eine körnige Struktur zu erzeugen.

7. Diesen Vorgang alle 30 Minuten wiederholen, bis die Masse nach etwa 3-4 Stunden komplett gefroren und körnig ist.

8. Kurz vor dem Servieren die Granita mit 1 EL Kokosmilch beträufeln. Guten Appetit.

Maracuja-Pudding mit Tigernuss-Topping

Zubereitungszeit: 25 Minuten
Portionen: 1 Person

Zutaten:

- 1 reife Maracuja, Saft aus-
  pressen
- 2 EL Chia-Samen
- 50 ml Kokosmilch
- 2 TL Rohrzucker
- 1 TL echte Vanille
- 2 EL geriebene Tigernuss
  (Erdmandel)

Zubereitung:

1. Beginne damit, die Maracuja zu halbieren und den Saft in eine kleine Schüssel zu pressen. Du benötigst ungefähr 3 EL Saft.

2. Füge die Chia-Samen zum Maracuja-Saft hinzu und vermische es gut miteinander. Lass die Mischung für etwa 10 Minuten quellen, bis die Samen das gesamte Flüssigkeit aufgesogen haben und eine pudding-artige Konsistenz entstanden ist.

3. In einer anderen kleinen Schüssel mische die Kokosmilch, Rohrzucker und Vanille miteinander. Rühre die Mischung so lange, bis sich der Zucker vollständig aufgelöst hat.

4. Gib nun die Kokosmilchmischung zu den gequollenen Chia-Samen und rühre alles gut durch.

5. Schütte die Puddingmischung in ein hübsches Glas oder eine kleine Schale und stelle sie für etwa 10 Minuten in den Kühlschrank, damit der Pudding fest wird.

6. Während der Pudding im Kühlschrank steht, kannst du die Tigernüsse in einem Mörser fein reiben oder alternativ in einer Küchenmaschine zerkleinern.

7. Sobald der Pudding die gewünschte Konsistenz erreicht hat, nimm ihn aus dem Kühlschrank und garniere ihn mit dem Tigernuss-Topping.

Rhabarber-Kompott

Zubereitungszeit: 15 Minuten
Portionen: 1 Person

Zutaten:

- 150 g Rhabarber, gewaschen und in 1 cm lange Stücke geschnitten
- 50 g Apfel, gewaschen, entkernt und in kleine Würfel geschnitten
- 2 EL Wasser
- 2 EL Haushaltszucker (nach Belieben anpassen)
- 1/2 TL echte Vanille
- 100 g frischer Joghurt

Zubereitung:

1. Nimm einen kleinen Topf, gib den Rhabarber, den Apfel, Wasser und den Haushaltszucker hinein.

2. Lass das Ganze auf mittlerer Hitze für etwa 10 Minuten köcheln, bis der Rhabarber weich ist und eine kompottartige Konsistenz erreicht hat.

3. Füge die echte Vanille zum Kompott hinzu und rühre gut um.

4. Lass das Kompott kurz abkühlen und gib es dann in ein Dessertschälchen.

5. Gieße den frischen Joghurt über das Kompott.

6. Garniere das Ganze eventuell mit ein paar Chia-Samen oder einem Minzblatt.

Dattel-Kokos-Bällchen

Zubereitungszeit: 20 Minuten
Portionen: 8 Bällchen

Zutaten:

- 8 Datteln, entkernt und grob gehackt
- 3 EL Kokosraspel, zusätzlich etwas zum Wälzen
- 2 EL Mandeln, grob gehackt
- 1 EL Chia-Samen
- 1 TL echte Vanille
- 1 Prise Salz
- 2 EL Kokosmilch

Zubereitung:

1. Die Datteln zusammen mit den Mandeln in eine Schüssel geben und mit der Kokosmilch übergießen. Lass diese Mischung für etwa 10 Minuten ziehen.

2. Im nächsten Schritt gibst du die Kokosraspel, Chia-Samen, Vanille und eine Prise Salz dazu. Mische alles gut durch, bis du eine klebrige Masse erhältst.

3. Forme aus der Masse 8 kleine Bällchen. Das geht am besten, wenn du deine Hände zwischendurch immer mal wieder mit etwas kaltem Wasser anfeuchtest, damit die Masse nicht so sehr klebt.

4. Wälze jedes Bällchen in Kokosraspeln, bis es rundherum gut bedeckt ist.

5. Stelle die Bällchen für mindestens 10 Minuten in den Kühlschrank, damit sie fest werden. Guten Appetit.

Chia-Pudding mit Blaubeersauce

Zubereitungszeit: 15 Minuten
Portionen: 1 Person

Zutaten:

- 2 EL Chia-Samen
- 100 ml Mandelmilch
- 1 TL echte Vanille
- 1 TL Honig
- 50 g frische Blaubeeren
- 1 TL Dinkelsirup
- 1 Prise Salz
- 1 EL Kokoschips

Zubereitung:

1. In einer kleinen Schüssel die Chia-Samen, Mandelmilch, echte Vanille und Honig gut miteinander vermischen. Für mindestens 10 Minuten oder über Nacht in den Kühlschrank stellen, damit die Samen quellen können und der Pudding fest wird.

2. Währenddessen die Blaubeeren in einen kleinen Topf geben und bei mittlerer Hitze erwärmen. Den Dinkelsirup hinzufügen und alles gut umrühren. Lass die Mischung ca. 5 Minuten köcheln, bis die Blaubeeren weich geworden sind und eine sämige Sauce entsteht.

3. Den Chia-Pudding aus dem Kühlschrank nehmen und in eine Dessertschale füllen. Die warme Blaubeersauce darüber geben.

4. Zum Schluss das Ganze mit Kokoschips garnieren.

Nektarinen-Tarte

Zubereitungszeit: 40 Minuten
Portionen: 1 Person

Zutaten:

- 1 Nektarine, entkernt und in dünne Spalten geschnitten
- 50 g Macadamia-Nüsse, grob gehackt
- 50 g Mandeln, fein gemahlen
- 2 EL Butter, geschmolzen
- 2 EL Haushaltszucker
- 1 Eigelb
- 50 ml Sahne
- 1 TL echte Vanille
- 1 EL Reismehl
- 1 TL Zimt
- 1 Prise Salz

Zubereitung:

1. Beginne mit dem Macadamia-Nuss-Boden. In einer Schüssel die gemahlenen Mandeln, gehackte Macadamia-Nüsse, Butter, 1 EL Zucker und eine Prise Salz gut vermengen.

2. Lege eine kleine Tarteform (Durchmesser ca. 18 cm) mit Backpapier aus und drücke die Nussmischung fest auf den Boden und die Seiten, sodass ein gleichmäßiger Boden entsteht. Stelle die Form für etwa 10 Minuten in den Kühlschrank.

3. In der Zwischenzeit heize den Ofen auf 180 Grad vor.

4. Für die Füllung das Eigelb mit Sahne, 1 EL Zucker, Reismehl und Vanille in einer Schüssel glatt rühren. Die Nektarinenspalten vorsichtig unterheben.

5. Nimm die Tarteform aus dem Kühlschrank und gieße die Nektarinen-Füllung hinein. Verteile die Nektarinenspalten gleichmäßig.

6. Bestreue die Tarte mit Zimt und backe sie im vorgeheizten Ofen für etwa 20-25 Minuten oder bis sie goldbraun ist und die Füllung fest geworden ist.

7. Lass die Tarte etwas abkühlen, bevor du sie aus der Form nimmst.

Erdmandel-Mousse mit Granatapfelkernen

Zubereitungszeit: 15 Minuten
Portionen: 1 Person

Zutaten:

- 50 g Erdmandeln, fein gemahlen
- 100 ml Mandelmilch
- 1 EL Honig
- 1 TL echte Vanille
- 2 EL Sahne
- 1 Eigelb
- 2 EL Granatapfelkerne, frisch

Zubereitung:

1. In einem kleinen Topf die Mandelmilch erwärmen, aber nicht kochen lassen.

2. Die gemahlenen Erdmandeln, den Honig und die Vanille hinzufügen. Das Ganze unter ständigem Rühren für ca. 5 Minuten köcheln lassen, bis die Masse etwas andickt.

3. In einer separaten Schüssel das Eigelb verquirlen. Einige Esslöffel der warmen Erdmandel-Mandelmilch-Mischung vorsichtig unter das Eigelb rühren, um es zu temperieren.

4. Die temperierte Eigelb-Mischung zurück in den Topf geben und alles gründlich vermengen. Weitere 2-3 Minuten köcheln lassen, bis die Masse noch etwas dicker wird.

5. Den Topf vom Herd nehmen und die Mischung etwas abkühlen lassen.

6. In einer kleinen Schüssel die Sahne steif schlagen.

7. Die abgekühlte Erdmandel-Mischung vorsichtig unter die geschlagene Sahne heben, bis alles gut vermischt ist.

8. Die Erdmandel-Mousse in ein Dessertglas füllen und für etwa 10 Minuten in den Kühlschrank stellen.

9. Zum Schluss die frischen Granatapfelkerne über die Mousse streuen.

Marillensorbet mit Zitronenmelisse

Zubereitungszeit: 25 Minuten
Portionen: 1 Person

Zutaten:

- 150 g Marillen (Aprikosen), entkernt und grob gehackt
- 10 Blätter Zitronenmelisse, fein gehackt
- 30 ml Wasser
- 2 EL Honig
- 1 EL Zitronenmelisse zum Garnieren
- Eine Prise Salz

Zubereitung:

1. Gib die gehackten Marillen zusammen mit dem Wasser in einen Mixer und püriere die Mischung, bis sie ganz glatt ist.

2. Füge den Honig und eine Prise Salz hinzu und mixe alles noch einmal gründlich durch.

3. Streue die fein gehackte Zitronenmelisse in die Marillenmischung und rühre alles gut um.

4. Gieße die Mischung in eine flache, gefriergeeignete Schale und stelle sie für mindestens 2 Stunden in das Gefrierfach. Rühre alle 30 Minuten mit einer Gabel durch, um Eiskristalle zu verhindern und das Sorbet schön cremig zu halten.

5. Sobald das Sorbet die gewünschte Konsistenz erreicht hat, kannst du es mit Hilfe eines Eisportionierers zu Kugeln formen.

6. Serviere das Sorbet in einer Schale oder einem Glas und garniere es mit einem Blatt Zitronenmelisse.

Heidelbeer-Parfait

Zubereitungszeit: 30 Minuten + 3 Stunden Gefrierzeit
Portionen: 1 Person

Zutaten:

- 100 g Heidelbeeren, frisch gewaschen
- 2 EL Sesampaste (Tahini)
- 100 ml Sahne
- 1 EL Honig
- 1 TL echte Vanille
- 1 Eigelb
- 2 EL Mandelmilch
- 1 TL Chia-Samen
- Eine Prise Salz

Zubereitung:

1. Gib in einer kleinen Schüssel die Chia-Samen und Mandelmilch zusammen. Lass die Mischung für ca. 10 Minuten quellen, bis eine geleeartige Konsistenz entsteht.

2. In einer weiteren Schüssel schlägst du die Sahne steif und stellst sie kalt.

3. Erhitze in einem kleinen Topf den Honig, Tahini und Vanille. Rühre gut um, bis alles gut vermischt ist. Nimm den Topf vom Herd und lasse die Mischung ein wenig abkühlen.

4. Füge nun das Eigelb zur Tahini-Honig-Mischung hinzu und verrühre alles zügig, damit das Eigelb nicht gerinnt.

5. Hebe die steif geschlagene Sahne vorsichtig unter die Masse.

6. Füge nun die Chia-Mandelmilch-Mischung hinzu und rühre alles gut durch.

7. Zum Schluss hebst du die Heidelbeeren unter die Masse. Versuche, die Beeren gleichmäßig zu verteilen.

8. Fülle die Mischung in eine geeignete Form und lasse sie für mindestens 3 Stunden im Gefrierfach fest werden.

9. Vor dem Servieren das Parfait kurz antauen lassen. Guten Appetit.

Litschi-Gelee mit Weintrauben

Zubereitungszeit: 20 Minuten
Portionen: 1 Person

Zutaten:

- 100 g Litschis, geschält und entsteint
- 50 g Weintrauben, halbiert und entkernt
- 200 ml Wasser
- 1 EL Rohrzucker
- 2 EL Chia-Samen
- Einige Minzblätter, zum Garnieren

Zubereitung:

1. Gib die geschälten und entsteinten Litschis in einen Mixer und püriere sie, bis sie ganz fein sind.

2. In einem kleinen Topf bringe das Wasser zusammen mit dem Rohrzucker zum Kochen. Sobald der Zucker sich vollständig aufgelöst hat, nimm den Topf vom Herd.

3. Füge das Litschi-Püree zum Wasser hinzu und vermische es gründlich.

4. Gib nun die Chia-Samen hinzu und rühre das Ganze gut um, bis alles gut vermischt ist.

5. Lass die Mischung etwa 10 Minuten stehen, damit die Chia-Samen quellen können und eine geleeartige Konsistenz entsteht.

6. Füge die halbierten Weintrauben zum Gelee hinzu und rühre noch einmal um.

7. Fülle die Mischung in ein Glas und stelle es für mindestens 1 Stunde in den Kühlschrank, damit das Gelee fest wird.

8. Zum Schluss mit einigen Minzblättern garnieren.

Kastanien-Mousse

Zubereitungszeit: 20 Minuten
Portionen: 1 Person

Zutaten:
- 100 g Esskastanien, geschält und gekocht
- 50 ml Sahne
- 30 g weiße Schokolade, grob gehackt
- 1 Eigelb
- 1 TL Honig
- 1 TL Kürbiskernöl zum Garnieren
- Eine Prise Salz
- Eine Prise echte Vanille

Zubereitung:

1. Die weiße Schokolade in einer kleinen Schüssel über einem Wasserbad schmelzen und beiseite stellen.

2. Die Esskastanien zusammen mit dem Eigelb und dem Honig in einen Mixer geben und zu einer feinen Paste verarbeiten.

3. Die Sahne mit einer Prise Salz und Vanille in einer Schüssel steif schlagen. Dann die geschmolzene Schokolade vorsichtig unterheben, bis alles gut vermischt ist.

4. Die Kastanienpaste vorsichtig unter die Sahne-Schokoladen-Mischung heben, bis ein gleichmäßiges Mousse entsteht.

5. Das Mousse in eine Dessertschale füllen und für etwa 1 Stunde in den Kühlschrank stellen, um es fest werden zu lassen.

6. Vor dem Servieren das Kastanien-Mousse mit einem Teelöffel Kürbiskernöl beträufeln.

Schlusswort

Liebe Leserin, lieber Leser,

Ich hoffe, dass jedes Rezept, das du ausprobiert hast, ein Schritt auf deinem Weg zu einer bewussteren und gesünderen Ernährungsweise war. Mögen diese Seiten dich inspiriert haben, dich kreativ in der Küche auszuleben, zu experimentieren und vielleicht sogar deine eigenen Rezepte zu kreieren.

Dieses Buch ist mehr als nur eine Sammlung von Rezepten; es ist ein Ausdruck der Überzeugung, dass leckeres Essen und Gesundheit Hand in Hand gehen können. Gesundheit ist kein Zustand, sondern ein fortlaufender Prozess. Und jeder kleine Schritt, jede einzelne Entscheidung, die wir treffen, führt uns auf diesem Weg weiter.

In diesem Sinne möchte ich dich ermutigen, weiterhin Neues auszuprobieren, deine Grenzen in der Küche zu erweitern und vor allem, Freude am Kochen und Essen zu haben. Und denke daran: Das Wichtigste ist nicht das perfekte Gericht, sondern die Liebe und Sorgfalt, die wir hineinstecken.

Deine Carina Lehmann

Impressum